U0146410

汉译世界学术名著丛书

形而上学导论

〔德〕海德格尔 著

王庆节 译

商务印书馆
创于1897 The Commercial Press

EINFÜHRUNG IN DIE METAPHYSIK

Von

Martin Heidegger

Vierte‚unveränderte Auflage

© Max Niemeyer Verlag‚Tübingen‚1976

根据图宾根马克斯·尼迈耶尔出版社 1976 年版译出‚本书已取得中文版权。

汉译世界学术名著丛书
出 版 说 明

我馆历来重视移译世界各国学术名著。从五十年代起,更致力于翻译出版马克思主义诞生以前的古典学术著作,同时适当介绍当代具有定评的各派代表作品。幸赖著译界鼎力襄助,三十年来印行不下三百余种。我们确信只有用人类创造的全部知识财富来丰富自己的头脑,才能够建成现代化的社会主义社会。这些书籍所蕴藏的思想财富和学术价值,为学人所熟知,毋需赘述。这些译本过去以单行本印行,难见系统,汇编为丛书,才能相得益彰,蔚为大观,既便于研读查考,又利于文化积累。为此,我们从 1981 年至 1992 年先后分六辑印行了名著二百六十种。现继续编印第七辑,到 1997 年出版至 300 种。今后在积累单本著作的基础上仍将陆续以名著版印行。由于采用原纸型,译文未能重新校订,体例也不完全统一,凡是原来译本可用的序跋,都一仍其旧,个别序跋予以订正或删除。读书界完全懂得要用正确的分析态度去研读这些著作,汲取其对我有用的精华,剔除其不合时宜的糟粕,这一点也无需我们多说。希望海内外读书界、著译界给我们批评、建议,帮助我们把这套丛书出好。

商务印书馆编辑部

1994 年 3 月

目　　录

前　　言

　　1935 年夏季学期,我在弗莱堡大学开设了相同题目的课程,这本书经由对讲课文稿的充分整理而来。

　　在印制品中,那些曾说过的不再说。

　　方便起见,我们在不改变内容的前提下,简化了冗长的句式,把一气呵成的文本划节分段,删去了重复的话语,补正了疏漏,澄清了含混。

　　圆括号中的是在整理讲稿时写下的,方括号中的文字是后来一些年代添加的评注。

　　要想正确地思索这一课程标题中“形而上学”之名的意义以及它出自怎样的根基,读者首先必须一同经历它的历程。

Ⅰ. 形而上学的基本问题

究竟为什么存在者存在而无反倒不在？这就是问题所在。这恐怕不是个随意提出的问题。"究竟为什么存在者存在而无反倒不在？"显然，这是一切问题中的首要问题。这个首要，当然不是在发问的时间序列意义上的首先。在时间的历史长河中，个人也好，民族也罢，发问的东西数不胜数。他们在遇上"究竟为什么存在者存在而无反倒不在？"这个问题之前，已经查询，探究和考察了很多东西。不过，许多人根本就不会遇上这个问题，因为所谓遇上这个问题，并不仅仅意味着这问题作为问句被说出来让人听见和读到，而且是说，对此问题提问，也就是说，使此问题得以成立，得以提出，需要使自己进入这一问题的情境中。

然而且慢！我们每个人都已曾经，甚至也还时不时地为这个问题晦蔽着的威力掠过，但却不明白发生了什么。譬如，在某个完全绝望透顶之时，万物消隐不见，诸义趋暗归无，这个问题就浮现出来了。这其中或许就有那么一次，犹如浑沉的钟响，它来到亲在①这里，轰然入耳，回声漾漾。在某个心花怒放之际，这问题就

---

① Dasein 是海德格尔思想，尤其是其前期思想的核心词，主要指的是"人的存在"或"人的存在关联"。现流行中文译名为"此在"，意在强调"人的存在关联"中的"存在在此"之义，也和此词的德文字面义契合。另有一译名为"缘在"，意在指出"人的存在

来临了,因为在这时,所有的一切仿佛都变了样,就像它们是第一次出现在我们的周围一样。在这时,我们似乎可以真正把握的东西,与其说是它们的存在,如此存在以及如何存在,还不如说是它们的不存在。①在某个无聊寂寥之际,这个问题就来临了。这时,我们既非绝望也非狂喜,但存在者之冥顽的习以为常在扩展着某种荒芜,在这荒芜中,存在者的存在抑或不存在,对我们似乎都无所谓,而恰恰因此,问题就以其独特的方式重又振聋发聩:究竟为什么存在者存在而无反倒不在?

但是,这个问题有可能被真正地提出,也可能鲜为觉察,就像一缕清风,只是微拂过我们的亲在;它也可能死死地催逼着我们,抑或还可能被我们以种种借口重新放逐和压制,但无论如何,它从来就不是那个在时间上我们要率先发问的问题。

不过,就其地位而言,这个问题却是首要问题。这个首要含义有三。"究竟为什么存在者存在而无反倒不在?",当我们说这个问题在地位上具有首要性,首先指它是最广泛的问题,其次,它也是最深邃的问题,最后,它还是最源初的问题。

这个问题覆盖最广,它不会为任何一种存在者所限制,它涵括所有一切的存在者,也就是说,它不仅在最广意义上包括现在的现

关联"不仅"在此",更是一因缘发生,相摩互荡的动态关联过程。当考虑到这两个译名均漏失 Dasein 作为"人的因缘关联性存在"中极强的"亲身"、"亲自"、"亲近"、"亲临"、"亲缘"之义,我在本译本中仍采用熊伟先生旧译"亲在",意在强调 Dasein 作为动态的"人的存在关联"中的"存在亲临"与"亲临存在"之义。这也就是说,Dasein 作为"亲在",是一种存在的"因缘关联",但这又不是任何一种随随便便的因缘之在,它更是一种与存在的亲缘、亲密以及在存在"近旁"的"亲缘之在"。——译注

①　德文原文为:dass sie nicht sind, als dass sie sind, und so sind, wie sie sind. 亦可译为"是其所不是,而不是其所是,其如此是及其如何是"。——译注

成存在物,而且涵括以往的曾在物和未来的存在物。这个问题的疆域边界仅在于那完全不存在的和绝不存在的存在者,在于无。一切非无者,都落入这个问题,最后甚至还包括无本身。某物是某物,它是一存在者的缘故并非因为我们这样谈论它,而是因为它"是"无。我们的问题如此广泛,绝不可能再广泛了。我们所询问的既不是这个物,那个物,也不是按序逐个询问的所有存在者,而是一开始就询问存在者整体,或者从后面将要讨论的根基问题来看,我们询问存在者整体本身。

　　这个如此这般最广泛的问题因而又是最深邃的问题:究竟为什么存在者存在而……? 为什么? 这就是说,根基是什么? 存在者从什么根基长出来? 立于什么根基之上? 又回返到什么根基中去? 这个问题不在存在者身上问这问那,询问它一向是什么? 在这里或在那里? 什么样子以及如何成为这个样子? 出于什么而变动? 有何用处? 以及诸如此类的问题。此一询问为存在着的存在者寻求根基。寻求根基说的就是:奠基。将问题中提出的东西追溯到其根基处。然而,因为有疑问,所以下面的问题就都还悬而未决:这根基是否为一真正的奠基者? 诸多根基的开发者? 是否为元根基〈Ur-grund〉? 是否这根基否弃了某种奠基活动,成为渊基〈Ab-grund〉[①]? 是否这根基既非这一个也非那一个,而只是从那奠基活动中让渡出来的也许是必要的假象,因此是某种非根基〈Un-grund〉而已? 无论是上述何种情况,总之这发问要寻求那在

---

　　① Ab-grund一般译为深渊,意义为因"去除了根基",或"穷尽了根基"而变得深不可测。但在海德格尔的用法中,这本身又构成了真正的"基础"和"根据",所以我在大多情形下将之译为"渊基"。——译注

根基上起决定作用的东西，而此根基〈Grund〉之奠基〈ergründen〉，就是使得那个如其所是的存在者作为那个样子存在着。这样发问"为什么"并不是为存在者去寻求那些与存在者自身同属一类，并处在同一层次上的原因。而这一"为什么"的发问不会漂浮在任何一种表面和表层，而是要挤逼到"崩－基"〈zu-grunde〉①所在的区域，并且直至最后，直至极限；它离弃所有的表面和浅层，深入底层，所以，这个最广泛的问题同时也就成为一切深邃问题中最深邃的。

　　这个最广泛且最深邃的问题最终又是最源初的问题。我们这样说是什么意思呢？问题所提问的东西乃存在者整体本身。倘若要就这一所问的全部广度来思考我们的问题，那么显而易见，我们在发问中就会完全撇开各种特殊的、个别的，有着这样或那样形式的存在者，我们说的是存在者整体，我们并无任何特别的偏爱。不过，唯有一种存在者，即发问这一问题的人，总是不断地在这一发问中引人注目。然而，问题中至关重要的并不是任何一个特殊和个别的存在者。考虑到问题域的无限制性，每一个存在者都拥有同等的地位。印度某个原始丛林中的一头大象，就像在火星上的任何一种化学反应过程，以及其他随便什么东西一样，都存在着。

　　因而，如果想要就"究竟为什么存在者存在而无反倒不在？"这

---

　　①　zu-grunde 源自 zugrunde。这个词在德语中既有"基础"的含义，用在短语中，又有"毁灭""崩溃"的含义，即将"基础"推进到极端发生崩塌的情况，所以此处译为"崩－基"，与前面所言 Ab-grund（渊基）相关联。读者也需注意这里的 zu-grunde（崩－基），Ab-grund（渊基）与这里前后文中的其他相近语词，例如 Ur-grund（元根基），Un-grund（非根基），ergründen（奠基）等之间的词形与词义关联。——译注

个问题的题义来展开这个问题的话,我们必须放弃所有任何特殊的、个别的存在者的突出地位,这也包括对人的暗指。人这个存在者到底是个什么东西呀!让我们设想一下身处浩瀚的黑暗宇宙中的地球吧。它宛如一微小的沙粒,与另一颗同样大小,但距离最近的沙粒之间,有相隔不下一公里的虚空。在这颗微小的沙粒上,苟活着一堆四下爬行的家伙,据说是些聪明的野兽,而且此刻有些发明和知识。[参见尼采《论道德意义之外的真理与谎言》,1873 年,遗著]在千百万年的时间长河中,人类生命的时间延续才有几何?不过是瞬间须臾而已。我们丝毫没有根据去说,在存在者的整体中,恰是人们称之为人的以及我们自身碰巧成为的那种存在者,占据着突出地位。

　　但是,一旦存在者整体落入上述问题,发问便进入存在者整体,而这存在者整体与这发问之间就有了一种独特的因而也是非同寻常的关系。因为正是通过这一发问,存在者整体才得以作为它自身向着其可能的根基展开,并在发问中保持其展开状态。对这一问题的发问涉及的是存在者整体本身,它不像刮风下雨,只是某种在存在者那里随随便便就发生的事情。这个"为什么"的发问仿佛站到了存在者整体的对面,从它那里脱出,尽管这种脱出并不完全,但发问恰恰就因此而赢得了某种非同寻常的地位。这一发问站在存在者整体的对面,但又并未摆脱这一整体,这样,在这一问题中所询问的东西,就返冲到发问活动自身那里。为什么有个"为什么"? 这个为什么的问题自诩要为存在者整体奠基,但它自身的根基何在? 这个"为什么"难道还是把那根基作为先行根基〈Vorgrund〉来进行发问吗? 这样下去,被寻觅的根基不总还是存

在者吗？存在问题的这一"首先"，难道说的竟不是那在内在等级
和衍变意义上的第一位阶吗？

然而，存在者自身根本就不会在意是否提出了"究竟为什么存
在者存在而无反倒不在？"这个问题。不提这个问题，星球照样运
转周行，万物照样生机盎然。

但倘若这个问题确被提出且发问确在进行，那么就必定会在
这一发问中，从问之所问与问之所及的东西那里，生出一种向着发
问活动自身的反冲。这一发问活动本身因此也就根本不是什么任
意的进程，而是一个非同寻常的事件，我们将之命名为历事①〈Ge-
schehnis〉。

这个"为什么"的问题是个所有问题都直接地植根于它而它又
在其中拓展自身的问题，它是任何其他问题都无法与之比拟的。
它遇上了要去探究它本己的为什么。从外表上乍一看来，"为什么
这个为什么"的问题，好似游戏般地、没完没了地层层重复着同样
的问词，又好似一种经由空洞古怪的苦思冥想而来的咬文嚼字。
看上去确实如此。不过问题就在于，我们是愿意做这种着实浅薄
的表面现象的牺牲品，并从而以为一切都已大功告成了呢？还是
有能耐在这个为什么的问题对自己本身的反冲撞击之中，经历一

---

① 德文词 Geschehnis 出自动词 geschehen，后者指"发生"，或者"有事发生"等
等。海德格尔以此词来表达他对历史（Geschichte）的本质性理解。历史既不是历史学
家们经过整理，记载下来的东西（Historie/历史学），也不单纯是在时间中均衡流淌的
现今之点的线性连接。历史的本质在于 geschehen，即"事件发生"。与将 Geschichte 译
为"历史"相应，我将 geschehen 译为"发生""出事""历事发生"，或"历事活动"，将其名
词形式 Geschehnis 译为"历事"，以取在中文中它与"历史"这个词之间的谐音，有时也
译作"事件之发生"。"历事"与传统理解的"历史"既有联系又不完全等同。在海德格
尔看来，它作为历史与历史学的存在论、生存论之基础而存在。——译注

场激动人心的历事呢？

但倘若我们不为这种外观幻象迷惑，这一"为什么"的问题，就会作为在整体上发问存在者本身的问题，完全摆脱一切纯语词的游戏，得到自身的显现，当然，这一显现的条件是：我们还拥有足够丰富的精神力量，真正将问题返冲到它本己特有的"为什么"中去，因为这一返冲还不会从自身中产生。这样，我们就会体验到，这一非同寻常的"为什么"的问题在某种跳跃〈Sprung〉中有其根基，通过这一跳跃，人就从那一切以前的、无论真确的还是臆想的亲在之遮蔽中跳离开来〈Absprung〉。对这一问题的发问仅仅在跳跃中，并且作为跳跃才会出现，否则，就根本不会有此发问。至于这里所讲的"跳跃"的意思，在后面将会被澄清。我们的发问还不是那跳跃，为了进行这一跳跃，发问必须要先得到改变，而这个发问尚还茫然无知地站立在存在者的对面。现在足以指出，这个发问的跳跃，使得它本己的根基跳将了出来〈er-springt〉，使之不断地涌跃而出〈springend〉。我们将这样的一种作为根基跳将出来的跳跃——依照这个词的真确含义——称为渊－源〈Ur-sprung〉："使－根基－自身－跳将－出来"〈das Sich-den-Grund-er-springen〉。[①] 因为"究竟为什么存在者存在而无反倒不在？"，这个问题使得那所有一切真确发问的根基跳将出来，并因此成为渊源，所以，我们就必须承认它是那最源初的问题。

_____

① 需要注意这一连串德文词 Sprung（跳跃），springen（跳跃出来），Absprung（跳离开来），er-springen（跳将出来），Ur-sprung（渊－源），springend（使之－不断涌跃而出），das Sich-den-Grund-er-springen（使－根基－自身－跳将出来）等词之间的联系。——译注

作为最广泛、最深邃的问题,它又是最源初的问题,反之亦然。

这个问题就在这样的三重意义上是第一位的,这个第一是按位阶来说的,更确切地说,这个第一位的发问在各个领域中,通过发号施令,将这些领域敞开和为其奠基,所以它的发问秩序是第一位的。我们的问题是那个一切真正问题的问题,即那个自身向自身提出的问题之问题。这一问题,无论有意还是无意,都必定会在提问每一问题之际同时被提出来。如果这一所有问题之问题没有得到把握,即没有被追问,那么,任何发问乃至于任何一个科学的"疑问"也就都还是自身不可解的。从一开始,我们就要明白:一个人,或者说我们是否确实地在追问这个问题,也就是说,使这个问题跳跃出来〈springen〉,还是仅仅停留在说说而已的层面上,这一切绝无客观的判定。在人的历史性亲在的范围内——它对作为此发问的源初性强力一向陌然——这一问题也就立即丧失了它的位阶。

例如,对于那些认为圣经是神的启示和真理的人来说,早在发问"究竟为什么存在者存在而无反倒不在?"之前,这个问题就已经有了答案:凡不是上帝自身的存在者,就是为上帝所造。上帝自身作为非被造的造物主来"存在"。在这一基础上持有这种信仰的人,虽然也能够以某种方式追随并与我们一同追问这个问题,但他不能既本真地追问,而又不放弃自身作为一个信仰者以及由此而带来的一切后果。他只能依照"好像……"来行事。但另一方面,那样的信仰,倘若不常常遭遇不信的可能,也就绝不是什么信仰,而只是一种懒惰,一番今后总会遵循一种随便怎样传下来的教义的自我约定罢了。于是乎,它既不是什么信仰,也不是什么追问,而是一种无所谓,这种无所谓对一切东西,无论对信仰还是对追问,都可能会忙上一阵,甚至还忙得兴致勃勃,不亦乐乎。

心安理得信仰之中,此乃一种独特的立于真理之中的方式,指出这种心安理得当然说的不是用引述《圣经》的开篇"起初,上帝创造天地……"来表示对我们问题的回答。且不管《圣经》的这一说法对于教义来说是真还是不真,反正它全然不能用来表达对我们问题的解答,因为它与这个问题毫不相干。之所以毫不相干,是因为根本就无法取得这种干系。在我们的问题中被真正追问的东西,在信仰看来只是愚蠢。

哲学就在于这一愚蠢之中。"基督教哲学"的说法乃荒谬如"木制的铁"似的自相矛盾。当然,对基督教经验世界,即信仰教义,也有一番思索、探问的功夫,这就是神学。只有在人们出自内心地不再完全信奉神学任务的真正伟大的时代里,才会出现那种堕落的见解,即认为神学只能经过借助哲学之力的所谓修缮才可能成立,或者甚至要被取代,以更适合时代口味的需要。对于源初的基督信仰,哲学就是一桩愚蠢。

进行哲思活动就意味着去追问:"究竟为什么存在者存在而无反倒不在?"而这一追问实际则意味着,通过揭露那问题所力求询问的东西,去冒险穷究与彻底追问那在这一问题中的无穷无尽之物。哪里出现了这样的活动,那里就有哲学。

如果我们现在为了要更详尽地谈论什么是哲学,长篇累牍,喋喋不休,那我们就会永远停滞不前。然而,对于有志于从事哲学的人而言,有些东西必须要知道。我们这里不妨简述一番。

哲学的一切根本性发问必定都是不合时宜的。之所以如此,乃因为哲学,或者被远远地抛掷于它的当下现今之前,或者返过头来将这一现今与其先前的以及起初的曾在联结起来。哲学活动始终是这样的一种知:它非但不会让自己被弄得合乎时宜,相反,它要将时代置于自己的准绳之下。

哲学在根本上不合时宜,因为它属于那极稀罕的一类事物,这类事物命中注定始终不能,也绝不可以在当下现今找到某种直接性的反响。如果这样的事情似乎发生了,一种哲学成了时尚,那么,或者它就不是真实的哲学,或者就是真实的哲学遭到了曲解,它由于某些与之不相干的意图,被误用在日常需用中。

这样,哲学就不是一种人们可以像对待工艺性的和技术性的知识那样,直接可学得的知识;它也不是那种人们可以像对待科学的和完全专业性的知识那样,可以直接运用的,并可以时时计量其实用性的知识。

然而,这种无用的东西,却恰恰才真正地具有威力。这种在日常生活中不被承认有直接反响〈Widerklang〉的东西,却能在一个民族历史的本真历事活动那里生发出最内在的共鸣谐音〈Einklang〉。它甚至可能是这种共鸣谐音的先声〈Vorklang〉。凡不合时宜的东西都会有它自己独特的那些个时辰〈Zeiten〉,哲学也是如此。这样说来,也就不好说哲学的任务本来或一般地会是什么,以及由此而必定可从哲学那里要求到什么。哲学拓展的每一个阶段,每一个开端都在自身中有其特有的法则。可以说的,唯有哲学不是什么以及不能做什么而已。

这里道出了一个问题:"究竟为什么存在者存在而无反倒不在?"这个问题要求成为首要问题。已经讲解过,它在什么意义上是第一位的。

我们对这个问题甚至还没有发问,就一下子拐进关于这个问题的某种讨论中了。不过这一交代是必要的,因为对这个问题的发问和一般惯常的情况截然不同。没有一条循序渐进的通道,让我们从习惯的情况出发,来慢慢熟悉这一问题。因此,这个问题一定像是事先就置放到面前来〈vor-gestellt werden〉的那样。另一方面,在进行这一置前 - 表像〈Vor-stellung〉①与谈论这一问题时,我们切不可撇开发问活动,甚至完全忘却它。

就让我们用这节课的讨论来结束绪论吧。

精神的每一种本质形态都处在模棱两可的状态中。一种形态与其他形态愈是不可比较,误解的情形就愈发多样。

哲学乃人的历史亲在过程中的少数具有独创之可能性,偶尔也具必然性的创举之一。目前流行着种种哲学误解,虽然不着边际,但也都或多或少地说了些东西,只是不甚清楚罢了。这里只想指出两种误解,这对于弄清当今以及将来的哲学状况,十分重要。

---

① 德文词 Vorstellung 的日常意思是"观念""想法""意像""表像",从动词 vor-stellen 来,而 vorstellen 又由 vor 与 stellen 组成,vor 意为"……之前",stellen 的意思为"提""置""作"等等,作为主体性的人的行为动作。海德格尔在许多著述中,讨论以 stellen 为中心的其他德文语词及其意义,例如除了 Vorstellung 之外,还有 herstellen (制作、置造),Ge-stell(集 - 置)等等,用以说明现代技术社会主客两分和对立的基本形态。因为在海德格尔看来,现代生活赖以为基的认知表像活动,就其存在论的基础而言,就是一种认知主体将客体对象置放到面前的"置 - 前"活动而已。所以,在这里我们将此词按其词源义译为"置前 - 表像",有时也根据上下文也译为"表像"或"意像"。另参见后文第 13 页(德文版页码,下同)关于"表像"一词的译注说明。——译注

一种误解在于对哲学本质①的苛求,而另一种则在于将哲学功用的意义弄颠倒了。

大体来说,哲学总是把目标指向存在者之最初和最后的根基,这样就导致人自身高调地将人之存在体验为某种释义活动与目标设立活动。于是就极易造成这样一种假象,即哲学似乎能够而且必须为当下以及将来的历史亲在,为一个民族时代,创造出文化得以建筑于其上的基础来。然而,对哲学的能耐和本质做这样的期望和要求未免过于苛求。这种苛求的情况大多以非难哲学的形式表现出来。例如,有人说应当拒斥形而上学,因为它无济于为革命做准备。这滑稽得就好像有人说,因为木工刨台不能载人上天,所以就应当丢弃它。哲学从来就不可能直接地提供力量,不可能造就出一种生发历史情态的有力方式和机会,这其中的原因就是因为哲学直接总只是极少数人的事务。是哪些少数人呢?是那些具有创造性的改革家和创新者们。哲学只会间接地通过那难以驾驭的迂回道路在某个范围内发挥着影响,后来终于到了某个时间点,在那里,源初状态的哲学早已被遗忘,哲学也沦落为亲在的某种不言自明的状态了。

因此,与上述观点不同,哲学按其本质只能是而且必须是:一种思的开放,即通过思的活动将设立判准与设置位序的知之渠道和视野打开,正是在这个知中并从这个知出发,一个民族把握它的在历史－精神世界中的亲在并将之全方位启动。也正是这个知,激发、威逼、强求着一切的追问和评价。

---

① Wesen 在德文中同时有"本质"与"生灵(人)"两种含义。——译注

第二种误解,我们上面已经提及,在于曲解哲学的功用意义。人们认为,即使哲学不能为一种文化创造基础,它至少还可以为文化建设带来便利,也就是说,哲学可以用来将存在者的整体整理排序,使之一目了然,井然有序,它为各式各样的可能事物及事物领域的用途提供出一幅世界图画,就像世界地图一般,这样,它就默许这些事物走向某种一般化和同质化;另一种情况是,哲学通过对科学的前提、基本概念和基本原理进行思考,专门为科学减轻负担。这样,哲学就在一种轻装减负的意义上被期待促进,乃至加快实践性的和技术性的文化建设。

但是,就其本质而言,哲学绝不会使事情变得轻巧,相反,它只会使之愈加艰难。这样说并非毫无根据,因为日常理性不熟悉哲学的表述方式,或者甚至认为这种表述方式近乎痴呓。使历史性亲在变得艰难,而且是在绝对的存在之根基的意义上这样说,这才是哲学的真正功用。艰难给回万事万物,给回存在者其凝重(存在)。为什么这么说呢?因为艰难是一切伟大者出现的基本条件之一,而我们首先会把决定一个历史民族及其伟业的命运算计在内。然而,只有当围绕着事物的某种真知掌控了亲在之际,命运才会出现,而哲学就是开启如此真知的途径和目光。

围绕着哲学,误解重重,而这些误解现在又大多经由像我们这样的哲学教授之手而变本加厉。教授们习惯去做的,同时也是正当的,甚至需要做的事情就是按教育的要求传授某些迄今流传下来的哲学知识,这样看来,似乎这些知识自身就成了哲学,其实,这至多也就只是一门哲学知识罢了。

提出和纠正上述两种误解并不会使你现在一下子就弄清楚了

什么是哲学。但是,一旦当你遇到最流行的判断,乃至似是而非的经验向你悄然袭来之际,你应当去思考并生出疑心。它们常常悄然而至,全然无害,且一下子就将你俘获。人们笃信自身经验,相信经验很容易就会证明,哲学"毫无结果"和"绝无用途"。这两种尤其在各学科教师和研究者中广为流传的说法,就是他们确信上述信念拥有毋庸置疑的正确性的表达。谁要是反对他们并企图证明,最终还是会"有某些东西产生出来",那谁就只是加剧和巩固了这种流行的误解。这误解含有的先入之见以为,人可以按照日常生活的标准来评判哲学,就像人们可以按照这种标准来评价自行车的用途与评估矿泉浴的疗效一样。

"哲学绝无用途",这种说法完全不错且十分正常。错只错在以为这个关于哲学的判断到此就了结了,也就是说,我们还可以一个反问的形式略微续上一句,即如果说我们拿哲学绝无用途,那是不是就意味着哲学,对已经在从事着哲学的我们,最终也是无动于衷呢?[①] 关于哲学不是什么的问题,我们就说这些,以资澄清。

我们开始时提出了这个问题,即"究竟为什么存在者存在而无反倒不在?"我们曾经断言:哲学活动就是对这一问题的发问。如果我们不断思索,不停守望,沿着这一问题的方向追问下去,那么,我们首先就不会停留在存在者的任何一种常见领域中。我们越过

---

① 这里的"绝无用途"、"毫无作用"是译者对 mit etwas nichts anfangen 的意译。这个词的原意是:如果我们拿某个东西去做事情,我们完全不知道用它在何处开始,在何处下手。所以,当海德格尔用这个词反问时,他更多暗指这个词的"开启""开始""开端"原义。在本书中,海德格尔更多是在存在之"开端"的意义上使用 anfangen, Anfang 和 anfänglich。——译注

了日常事物,我们所汲汲追问的不是那日常熟悉的,处于日常秩序中的正常事物。尼采曾说:"哲学家就是那不断地亲历,不断地看,不断地听,不断地怀疑,不断地希望,而又不断地梦想……那超乎寻常事物的人。"(第7卷,第269页)[1]

哲学活动就是对那超乎寻常之物的追问。然而,正如我们已经提及的,这种发问对自身有一种反冲力,所以,不仅所问的东西超乎寻常,追问自身也是如此。这就是说,这种发问并非就在路边,俯拾皆是,以至于我们在某天某日会意外地,甚至毫不经意地就撞上它。它也并非在日常生活习惯性的按部就班中出现,乃至于我们迫于某些要求甚至规章而不得不去发问。这种发问也不会去考虑照顾和满足紧急的国计民生之需要。这一发问自身超乎寻常之外。它是彻头彻尾的自由自在,完全并真正地立足于自由的神秘基础之上,立足于我们称之为"跃出"的基础之上。因此,尼采说:"哲学……就是在冰川雪岭之巅自由自在的生活"(第15卷,第2页)。[2] 于是,我们现在可以说,哲学活动就是对超乎寻常的东西作超乎寻常的发问。

在希腊人那里,西方哲学展开出其最早的和具有决定性意义的时代,希腊人对存在者整体本身的发问开启了这一发问的真正开端。在那个时代,存在者叫φύσις〈自然〉。现在人们习惯将这个指称存在者的希腊文基础词译为"自然"。人们用了拉丁文的译名natura,它的真正意思为"生出"、"诞生"。不过,这个拉丁译名已

---

① 这里海德格尔引证的是尼采的著作《善与恶的超逾》,第29节。据英译注,海德格尔所依的是 C. G. Naumann 1897–1905 年间出版的版本。下同。——译注

② 参见尼采:《瞧,这个人》,序言,第3节。——译注

经排挤了 φύσις 这个希腊词的源始内涵，毁坏了它本来的哲学命名力量。这种情况不仅发生在这个词的拉丁文翻译中，而且也存在于所有其他从希腊语到罗马语的哲学语词翻译中。这一从希腊语到罗马语的翻译进程不是随意的和无害的，而是希腊哲学的源始本质被隔断、被异化的第一个阶段。这一罗马语的翻译后来在基督教义中和在基督教中世纪成为定论，这个基督教义转化为近代哲学，而在中世纪的概念世界中徜徉的近代哲学，后来却又由此创造出了那些熟悉流行的意像和概念词汇，今天的人们仍还通过这些意像和概念词汇来理解西方哲学的开端，而这开端却早已被今天的人们作为那所谓已克服的东西弃置在身后了。

　　然而，我们现在跳过这整个的畸变和沦落过程，企求重新赢得这些语言和语词之未遭损毁的命名力量，因为语词和语言，绝非那种事物可以装进去，仅仅用来进行口头与书面交流的外壳。在语词和语言中，事物第一次生成并且恰才是那事物。因此，语言在单纯闲谈中，在口号与套话中的滥用中，就使我们失去了与事物的真实关系。那么，φύσις 这个词说的是什么呢？说的就是从自身而来绽开着的（例如，一朵玫瑰花的绽放），自身开放着的展开，就是在这样的展开进入现像中保持与停留在这种展开中。或者简略地说，它就是既绽放又持留着的存在力道〈Walten〉。① 按照词典的

————————

　　① 德文词 walten 的原义为"统治""管辖""行使威权"，又有"拥有""在""存在"之义。海德格尔在这里用此词意指一般存在的力量和威权"施行""发作"起来。据此理解，我们将其名词或动名词形式译为"存在力道"或"强力力道"，将与此相关的一组词，例如将 das Gewalt 译为"强力"；将 das Gewaltige 译为"强力者"；将 das Überwältigend 译为"威临一切者"，将 Gewalt-tätigkeit 译为"强力行事"。参见本书第四章中（例如第115页）的具体叙述。——译注

解释，φύειν〈培育〉的意思为生长，使生长。但是什么叫生长呢？仅仅是量上的增多，变得愈来愈多和愈来愈大吗？

φύσις作为绽放，随处可见。例如，天体运行（旭日东升），大海涨潮，植物生长，生灵降世。但是，φύσις这一绽放着的强力，又与我们今天仍还称之为"自然"的过程并不等同。这种绽放，"由自身内部－向外－站出去"切不可与我们在存在者那里观察得到的过程混为一谈。这个φύσις是存在自身，正是凭借它，存在者才成为可被观察到的以及一直可被观察到的东西。

希腊人并非在自然过程那里才经验到什么是φύσις的，恰恰相反，在一种对存在的诗－思的基本经验的基础上，那希腊人必定称之为φύσις的东西，向他们展开。只有在这一展开的基础上，希腊人才能去一窥那狭义的自然。因此，φύσις的源初意义既包含天空又包含大地，包含岩石与植物，动物与人，以及作为人和诸神之作品的人类历史，最后也是最重要的，是处在天命之下的诸神自身。φύσις意味着绽放着的存在力道以及这种存在力道所支配着的持留。而在这种既绽放又持留的存在力道中，则既包含有"变成"又不乏那在狭窄的呆滞意义上理解的"存在"。[①] φύσις就是出－现〈Ent-stehen〉，就是将自己从隐秘者那里带出来，唯有这样，那带出来的东西才有根有柢，站立得住。[②]

但是，今天我们通常不是在源始的意义上将φύσις理解为既绽

---

① 这里所用的 Werden 和 Sein 等词，被作者贬入括号。这意味着作者这里不是在正面意义上，而是在他要批评的传统形而上学的意义上使用这些词汇。——译注

② 需注意海德格尔在这里暗指在 Ent-stehen（出－现）与 in den Stand bringen（有根柢、站得住）之间有词义关联。中译未能表明出这一点。——译注

放同时又持留着的存在力道，而是在后来和现今的意义上将之理解为自然，此外，我们还将现代物理学作为物理来研究的质料事物的运动过程，将原子、电子这些东西设定为自然的基本现象。如果这样的话，那么最初在希腊人那里的哲学就走向了一种自然哲学，走向了一种对所有事物进行表像的活动，而依据这种表像活动，所有的事物都成了真正质料性的自然。于是，像通常所理解的"开端"那样，希腊哲学的开端就造成了这一开端有一种我们以及拉丁文中所描画的"初始"的印象。这样说来，希腊人根本上就成了那种被现代科学远远地抛在身后的霍屯督人①的较高形态而已。撇开这种以为西方哲学的开端为初始之看法的一切荒谬不谈，这里必须说的是，这种解释忘记了：哲学之事业，乃人类罕见的伟大事业之一。所有伟大之事只能从伟大开端，伟大之事的开端甚至总可以说是最伟大的。渺小常常也只从渺小启程，如果说这种渺小也有几分伟大的话，那只在于它使一切都变小了。崩溃从微小开始，但从所导致全体毁灭的无与伦比来说，这一崩溃也可以成为伟大的了。

伟大的东西从伟大开端，它仅通过伟大东西的自由回转而保持其伟大。伟大东西的终结也是伟大的。希腊人的哲学就是如此，它以亚里士多德为其伟大的终结。唯有平常理智和渺小之人才会设想伟大的东西必须是无限持续的，并把这种持续等同为永恒。

希腊人将存在者本身的整体称为φύσις。这里顺便提一句，尽管φύσις这个词的源始意义在希腊哲学的经验、知识和姿态中并没

---

① Hottentotte 是荷兰语中对生活在西南非洲的一种原始部族人的称谓。——译注

有消失，但它从一开始就已经在希腊哲学中受到限制。在亚里士多德谈及存在者本身的根基时，这种关于源始意义的知在亚里士多德的心中依然还余音袅袅，不绝如缕。（参见《形而上学》卷 Γ1·1003a27）①

但是φύσις在"物理学"的方向上所受到限制的情况还不像我们今天的人们所进行的那样，即以我们去表像②的方式出现。我们将物理的东西与"心理的东西"，与有灵魂的、有灵性的、有生命的东西对举起来。但所有这一切在希腊人那里，甚至在亚里士多德之后，都也还包含在φύσις之中。与φύσις对举的现像是那些希腊人称之为θέσις〈位置、名数〉的东西，即名位，规章；或者νόμος〈礼俗〉，即礼俗意义上的礼法、礼规式的东西。但这不是在道德意义上，而是在礼俗意义上的东西。礼俗的基础是源出于自由的约束和出于传统的派位，它涉及的是自由的行止，涉及人的历史性存在的形态，它是ἦθος〈习俗〉，但这个ἦθος后来在道德的影响下被贬

---

①　此段亚里士多德的原话是："有一门学问，它研究'存在之为存在'，以及'存在由于其自然所应有的秉性'。……现在因为我们是在寻取最高原因的基本原理，显然这些必须是依其自然的东西。若说那些搜索现存事物诸要素的人们也就在探索基本原理，这些要素就必须是所以成其为存在的要素，而不是由以得其属性的要素。所以我们也必须要认清，探究的第一因即是：存在之为存在"。参见亚里士多德《形而上学》，吴寿彭译，北京：商务印书馆，1983 年，第 56 页。（译文有少许更动）——译注

②　德文词 vorstellen 前面（参见前面第 7 页译注）曾根据此词的两个构词成分 vor（前）与 stellen（提起，置放）译为"置前表像"。当这一语词在现代主体认知行为的意义上使用时，我们又将之译为"表像"。请注意海德格尔译名中"像"和"象"的区分。一般说来，"像"指的是在人的认知和意识活动层面上的"意像""表像""现像"活动及其结果，而"象"则表明自然与生活世界中出现的，在存在论层面上的呈现，表现活动本身。按照海德格尔的说法，"像"唯有在"象"的基础上方能得到把握。至于其在中文语义上的区别，请参见《韩非子·解老》中关于中文中"象"的故事和解释。——译注

降为伦理的东西了。

还可以通过与τέχνη〈技艺〉相比照来看φύσις如何受到制限。τέχνη曾经指的东西既非艺术，也非技术，而是一种"知道"，是那种在知中对自由计划、布置的妥切安排和对组织机制的掌控（参见柏拉图《斐德若篇》）。① τέχνη就是制造与建造，是在知中的产－出（至于φύσις与τέχνη在本质上的相同尚需经过某种特别考察方可弄清。）然而，与物理相对的概念是历史。历史是一个有关存在者的领域，希腊人同样将之放在源初地更广泛把握的φύσις的意义下来理解它。但是，这与自然主义者关于历史的解释没有一点关系。存在者本身的整体就是φύσις，也就是说，它以既绽放又持留的存在力道为其本质和特征。对这一存在力道的经验，最初出现在以某种方式最直接的强逼出头中，然后才是那狭窄意义上的φύσις：τὰ φύσει ὄντα〈自然存在物〉，τὰ φυσικά〈自然物〉，天然的存在物。如果要在根本上追问φύσις，也就是说，追问到存在者本身是什么的问题，那么，τὰ φύσει ὄντα首先就给出了立足点，然而这就导致，发问从一开始就不可以驻足于这个或那个自然物的领域，无论这是无生命物、是植物还是动物，相反，发问必须要超出τὰ φυσικά。

在希腊语中，"越过"，"超出"就叫μετά。对存在者本身的哲学发问就是μετὰ τὰ φυσικά〈在自然物之后〉；这个发问问出存在者之外去，这就是形而上学。至于仔细地追踪这一名称的发生以及含义变化的历史，并不是当时前要紧的事。

---

① 参见柏拉图：《斐德若篇》260d－274b。——译注

因此,"究竟为什么存在者存在而无反倒不在?",这个被我们视为第一位的问题就是形而上学的基本问题。形而上学这个名称很适合用来称谓那所有哲学中的起规定性作用的中心与核心。

[鉴于导论的关系,上面所有这些论述都还浅显,在根本上都还语焉不详。按照对 φύσις 这个词解释,它就是存在者之存在。如果我们说在发问 περὶ φύσεως〈关于自然〉时,攸关紧要的东西是存在者之存在,那么,关于 φύσις 的探究,即古老意义上的"物理学",①已经在自身中超越了 τὰ φυσικά〈自然物〉,超越了存在者而依寓于存在了。"物理学"从一开始就规定了形而上学的历史和本质。即使在把存在视为 actus purus〈纯粹行动〉(托马斯·阿奎那),视为绝对概念(黑格尔),视为同一意志向着强力的永恒回转(尼采)的种种学说中,形而上学也还仍旧是"物理学"。

然而,对存在本身的追问却还具有另外的本质和来源。

人们如果在形而上学的视野范围内并且用形而上学的方式进行思考,那就很可能把追问存在本身的问题仅仅当作是追问存在者本身的问题的机械重复。这样,追问存在本身的问题就还只是一个超越论的问题,尽管这是在一个较高的层次上。对追问存在本身的问题作这样的释义变更,这同时就将那依据实情而展开的通道给堵塞了。

但是,这种释义变更是显而易见的,特别是在《存在与时间》中谈到过一种"超越论的境域"。② 不过,"超越论的"在那里并非指

---

① 按照海德格尔的这一解释,"Physik"〈物理学〉在这里也许更应被理解为"自然物学"。——译注

② 参见《存在与时间》39 页。——译注

主观意识的超越论，①而是说它从亲临到此的生存论－绽出的时间性出发来进行自我规定。硬要将追问存在本身的问题在形式上混同于追问存在者本身的问题，对之重新释义，其首要原因就在于对存在者本身之追问的本质来源以及与之相关的形而上学的本质都依然还晦暗不明。这种晦暗不明就使得所有无论以何种方式去针对存在所进行的追问，处于不确定状态中。

这里的"形而上学导论"所尝试的就是要把"存在问题"的纷乱事态收入眼帘。

按照流行的见解，"存在问题"就是对存在者本身进行发问（形而上学）。但是，从《存在与时间》的思路来看，"存在问题"就是对存在本身的发问。"存在问题"这个提法既有内容上的也有语言上的含义，而在形而上学意义上要对存在者本身进行发问的"存在问题"的主题恰恰就不是存在，存在依旧被遗忘。

然而，"存在的遗忘"这一说法和"存在问题"这一提法一样，都是含混不清的。人们完全有理由确信，形而上学发问的就是存在者之存在，因此，硬说形而上学遗忘了存在，岂不好似滑天下之大稽。

① 这里所评论的在《存在与时间》导言部分出现的"transzendental"一词原本是康德哲学的核心概念，传统理解和翻译为"先验的"。这个概念在胡塞尔现象学中被赋予超越论自我学的解释，而在《存在与时间》导言中，海德格尔沿着并试图突破胡塞尔的思路，借用这个概念来表达他自己的超越论存在论的"现象学"概念。但是，鉴于这一概念极强的"先验哲学"的色彩，海德格尔除了在解释康德哲学之外，极少用这一概念来直接解释自己的立场，并且，他还多次在《存在与时间》之后的著述和讲演中，力图澄清自己与"先验哲学"的根本区别，以及批评《存在与时间》时期自己思想中依然存留的先验哲学的影响，这里是其中重要的一次。出于这一考虑，我将此处引述与讨论的"transzendental"概念译为"超越论的"。——译注

倾若我们在追问存在本身的意义之下来思考存在问题,那么,所有思考这个问题的人们都会看清,正是存在本身在形而上学那里一直遭到了遮蔽和遗忘,而这一被遮蔽与被遗忘是如此的致命,以至于存在的遗忘——这一遗忘本身之再被遗忘——就成了发问形而上学问题的不为人晓但又恒久存在的障碍。

如果人们选用"形而上学"这一名称是为了要在不确定的意义下探讨"存在问题",那么,这门课的标题仍然是含混的。因为乍一看去,似乎这一发问依然停留在存在者本身的视野圈子里,但与此同时,这一发问又从一开始就力图挣脱这一领域,以期将另一范围以追问的方式收入眼帘。于是这门课程的标题也是有意地保持含混。

这一课程的基本问题与形而上学的主导问题分属于不同的类别。它从《存在与时间》出发,追问"存在的敞开状态"(《存在与时间》第21页以下与第37页以下)。所谓敞开状态是说打开那由于存在的遗忘而被遮蔽和隐藏的东西。唯有通过这样的发问,迄今一直一同被隐藏的形而上学的本质处才会透进一丝光亮。]

因此,《形而上学导论》说的就是导入对基本问题的发问。但是发问,尤其是对基本问题之发问的出现,不像石头与流水那般简单。有问题不同于有鞋子、有衣裳或者有书籍。问题存在,而且仅仅就像它们实际被问的那样存在着。因此,导入对基本问题的追问并不等于走向立于任何地方的某个东西,相反,这种导入必须是对发问的最初唤醒与创造。这个导就是一种发问着的前行,就是一种向前探问〈Vor-fragen〉。就其本性而言,这种导没有任何随行的成分。举凡有这样的东西炫耀夸口的地方,例如在某个哲学派别那里,追问就被错解了。这样的学派只能存在于科学－工艺工作的领域内,在那里,所有的一切都有其固定的位序。此类工作虽也必然地隶属于哲学,但在今天却失落了。即使最卓越的工艺才能都无法替代看、问、说的本真力量。

"究竟为什么存在者存在而无反倒不在?"这就是那个问题。仅仅说出这个问句,即使以发问的声调,尚还不是追问。我们业已看出,即便我们一而再、再而三地重复这个问句,也不会由此而必然使发问增添更多的活力,恰恰相反,这样重复地说来说去只会使发问陷入迟钝麻木。

即使这个问句不是问题,并不追问,也不可以将它理解为单纯的语言形式上的传达,即好像这个问句不过只是"关于"某个问题的陈述。当我对你们说"究竟为什么存在者存在而无反倒不在?"时,我发问与言说的目的并不是要向你们传达我现在正进行着发问。虽然我们也可以这样来领会这一说出的问句,但若这样的话,恰恰就是对追问听而不闻了。追问既没有成为共同发问,也没有成为自我发问,根本没有唤起一种疑问姿态,甚至唤起一丝疑问意识。疑问意识在于有一种愿知。愿,这绝不是单纯的希望和追求。希望知的人,看起来也在发问,但他不会超出对这个问题的言说,他恰恰在问题开端处止步。发问就是愿知。谁愿,谁就将他整个的亲在置入一番意愿之中,他就是在决断。这种决断不推脱,不逃避,当下行动,毫不中断。决－断不是要去行动的单纯决定,而是行动的决定性的开端,它先行并彻头彻尾地掌控着全部的行动。愿就是决心存在。[这里将愿的本质归溯到决断,但决断的本质却并不在于为"上场行动"积蓄能量,而在于人之亲在为着存在的疏朗澄明而去－蔽(参见《存在与时间》第 44 节和第 60 节)。然而，与存在发生关涉就是让。所有的愿都应植基于让,这使得理智感到诧异。(参见《论真理的本质》演讲,1930 年)]

但是,所谓知说的就是:能立于真理中。真理是存在者的公开状态。因此,知就是能立于并坚持在存在者的公开状态中。单纯有知识,无论这种知识有多么的广博,也不是知。即使这些知识经过循序渐进的学习和考试的裁定作用,从而最后成为实践中最重要的东西,它们也不是知;即使这些知识是根据最基本的需求加工剪辑而来,因而"贴近生活",但对它们的拥有也绝不是知。由于真正的现实性总是不同于市侩庸人们所理解的贴近生活现实,所以,尽管一个人可能拥有上述的知识,同时还有几手实际技能,但他仍然盲然无知,仍然必不可免地是个敷衍了事的马大哈。为什么呢?因为他没有知,而所谓知说的就是:能学。

日常的理智自然认为,有知的人就不需要再学习了,因为他已经学成了。差矣! 所谓有知的人只是指那种领略到学海无涯,并且在这种领略的基础上,首先使自己进入那种能够持续不断地学习之境界的人。这要比拥有知识难得多。

能学以能问为前提。发问就是上面所说的愿知,就是向着能够立于存在者的公开状态中的决断。因为我们这里所涉及的是对第一位问题的发问,所以,不仅愿,而且知显然都采取了更原本的方式。由此看来,尽管问句真真切切地以发问的方式言说,并且以共同发问的方式被听,但它对详尽地重述问题却是那般地不中用。那虽然在问句中得到共鸣,但同时仍还被封闭和包裹的问题,才是必须要被展开的。发问的姿态必须在这一过程中得到澄清、保障,并通过训练而巩固下来。

我们下一步的任务在于扩展"究竟为什么存在者存在而无反倒不在?"这个问题。它可能向什么方向去扩展呢? 首先,我们通过问句的形式进入这个问题。可以说问句给出了问题的一个大概轮廓。因此,对这个问题的语言上的理解必然是相应宽松的。现在就让我们就这一方面来看看我们的问句:"究竟为什么存在者存在而无反倒不在?"这个句子包含"究竟为什么存在者存在"这一片断。值此,问题已经真正地提出来了。这其中包括:第一,对那被摆进问题的东西,即被问及的东西有着确定的陈述;第二,对那被问及者究其极而被发问的那个问之所问也有陈述。因为那被问及的东西,即存在者被明确无误地指出来了,而那所问的东西,即问之所问,就是那个"为什么",即"根据"。这个问句中紧接而来的"而无反倒不在"只不过是个附加部分,此附加部分作为语气转折的附加语,其本身的目的只是为了达到某种首先宽松的,起着导引作用的言说;而此附加语对那被问及与问之所问都没有说出什么更多的东西来,充其量也就是一为了装饰而用的空洞词藻。甚至可以说,倘若没有这种附加的,仅仅由于口无遮拦而来的语气转折,问题恐怕会更加清晰和一针见血:"究竟为什么存在者存在?"然而,附加句"而无反倒不在?"并不仅仅由于追求一种对问题的严格把握而显羸弱,而更是因为它根本什么也没说。那么关于无,我们还应当进一步追问什么呢? 无简单地就是无。在这里追问再没有什么可以寻求的了。循着无的诱导,我们根本别想获得丝毫关于存在者的知识。

谈论无的人不知道他在做什么。说无,就是通过这种说的行为将无变成某物。他这般地有所言说，就与他所意指的正相反对，结果就自相矛盾。但是，自相矛盾的言说违反了言说（λόγος）的基本规则，违背了"逻辑学"。谈论无就是非逻辑。谁非逻辑地谈论与运思，谁就是非科学的人。甚至在作为逻辑栖身地的哲学内部，谁要是谈论无，就会遭到异常猛烈的指责，说他违反了一切思维的基本规则。如此对无的谈论由完全无意义的命题构成。此外，谁要严肃地对待无，也就是与无同流合污了。显而易见，他在公开推进否定性精神，为分崩离析效力。谈论无不仅仅完全违背常理，而且侵蚀各种文化与一切信仰的根基。纯粹的虚无主义既蔑视思想的基本法则，又破坏创建的意志与信仰。

　　基于上述考虑，我们将完全可以在我们的问句中删去"而无反倒不在"那句多余的空话，使之在形式上简明扼要，"究竟为什么存在者存在？"

　　如果……，如果我们在把握我们的问题之际，或者说，如果我们对这个问题的一般性发问，真能像迄今所显现的那样无拘无束，那么，上面的讲法就会顺顺利利，毫无障碍。然而，通过对这一问题发问，我们就置身在某种传统之中，因为哲学每每总在追问存在者的根据。哲学以这一问题作为它的开端，并且，假如它有一伟大的终结而非坠入某种无奈的崩溃，它也将在这一问题中终结。追问存在者的问题一经开启，追问非存在者与追问无的问题，也就随之出现。然而，这种对无的追问，并不仅是一种表面上的伴随现象，它在任何情况下，就其广度、深度与源始性而言，比追问存在者的问题毫不逊色。对无进行发问的方式足以成为对存在者发问的基准与标记。

　　如果我们这样来思考,那么,在说出对存在者的追问方面,起先说过的问句"究竟为什么存在者存在而无反倒不在?"就似乎要比上面的那个短句合适得多。我们这里引入对无的谈论,并不是说话不当或者过头,也不是我们的什么发明,而是对基本问题之意义的源初传统的严格尊重。

　　然而,这种对无的谈论,就其一般方面而言,有悖于正常思维,而就其具体方面言,会出现分崩离析的状况。无论是那些担心不能正确地遵守运思基本规则的人,还是那些害怕陷入虚无主义的人,都想奉劝我们不要去谈论无,但是,倘若这种担心和害怕原是建立在一种误解的基础上呢?事实就是如此。不过,在此出现的误解绝非偶然,它建立在某种对存在者问题之不理解的基础之上,而这种不理解长久以来就占据着统治地位。然而,这一不解源出于一种愈来愈顽固的存在之遗忘。

　　不过,我们目前还不能断然确定,逻辑以及逻辑的基本规则,是否能够一般地适合于充当准则,从而得以对存在者本身进行追问。或许可能恰恰相反,我们所熟悉的,似乎从天而降的全部逻辑正植基在关于存在者问题的一种完全确定的答案之上,而所有只依循现存逻辑的思维规则,从其一开始就根本不能哪怕仅仅理解存在者问题,更不消说实际展开这一问题和问答这一问题了。当人们援引矛盾律,甚至援引逻辑来证明,所有的关于无的运思与言谈均为背谬,因而也绝无意义之际,显现出来的实际上只是严格性与科学性的假象。在这里,"逻辑"被视为一个有着亘古不变之确信的法庭,任何一个有理性的人,都显然不会去怀疑这一法庭有判定言谈是否正确的最初和最终权威。谁要是不按逻辑说话,就会被或多或少地怀疑为是胡说八道。而这种单纯的怀疑又已经被人们视为论据和反驳，从而不再进一步去做本真的深思了。

实际上，人们不可能把无当成像户外的落雨、山峦，或者任何一种对象那样来谈论和处理。从根本上说，无是所有的科学都无法通达的。谁要想真正地谈论无，就必须以非科学的方式。不过，到目前为止大为不幸的是，人们以为，唯有科学思维才是真正的和严格的思，唯有它，也必须是它，才能成为哲学运思的准绳。可事实却正好相反。一切科学的运思都只是哲学运思的衍生形态，而后它又作为这般的衍生形态得到凝固。哲学绝不出自科学，也不经由科学才得以产生。哲学与科学绝不比肩并行，相反，哲学位于科学之先，这种在先并不仅仅指"逻辑上的"或者仅指科学体系的列表排序上的在先。哲学身处一个完全不同的、精神性的亲在领域里和位阶上，在此，哲学及其运思唯独与诗享有着同等的地位。但是，诗与思又不相同。在科学看来，无论什么时候谈论无，都是大逆不道和毫无意义的。与此相反，除了哲学家之外，诗人也会谈论无，这不仅仅是因为，按照日常理智的看法，诗较少严格性，而且更因为与所有的单纯科学相比照，在诗中（这里指的只是那些真正的和伟大的诗）贯穿有一种精神的本质优越性。由于这种优越性，诗人总是以存在者被第一次说出与说及的那个样子来述说存在者。诗人的赋诗与思者的运思，总是汪洋恣肆，空间辽阔，在这里，每一事物，一棵树，一座山，一所房屋，一声鸟鸣，都开放出千姿百态，不同凡响。

凡真正地谈论无，总是不同凡响的，这里毫无通俗可言。但是，一旦我们将之仅仅放入某种尖刻逻辑的劣质酸液中时，它就会立刻形销骸散。因此,绝不可能像描摹一幅画那般,直截了当地开口去说无。但是,这般说无的可能性却是可以被指示出来的。这里,我想引一段从诗人克鲁特·哈姆逊[①]的近作《岁月如烟》(1934年德译本,第 464 页)中摘出来的话。这部作品与《流浪汉》及《奥古斯特》组成一个整体。它描述了奥古斯特的最后年月和结局。在那里,一个亲在式人物,在绝望无奈之际,不甘平庸堕落,继续保持着一份纯真与卓越,而当今人类的断了根的无所不能,就完全体现在这样的亲在方式中。这个奥古斯特的最后时光是在高山之巅的孤寂中度过的。诗人吟道:"他,端坐于此,两耳之间,倾听着真正的空寂。一个幻影,可笑之极。大海之上(奥古斯特早前常桴于海),波浪翻腾,若去到那里,就可听见涛声阵阵,那是潮水的奏鸣。而这里——却是无撞击着无,什么也没有,空空如许,对此,我们只能摇头扼腕,一声叹息……"

最终,这里还是有某种与无的独特的因缘关联。因此,让我们重新拾起我们的疑问句并进行彻底地发问,通过这些,我们要来看看,这个"而无反倒不在"所表明的究竟是一个什么也没有说,仅只是任意添加的语气转折呢? 还是说,它在这一迄今对问题的表述中已然有了某种本质性的意义?

为此,我们还是先来考察一下那个简略的,看来更简单和也似乎更严格的问句:"究竟为什么存在者存在?"。如果我们这样发问,我们就是从存在者出发。这东西存在着。它被给予,立于我们

---

① Knut Hamsun(1859 年 8 月 4 日—1952 年 2 月 19 日)是一位挪威作家,曾获 1920 年诺贝尔文学奖。晚年支持纳粹,但又公开和希特勒争辩,其政治立场颇受争议。——译注

的对面。因此,它任何时刻都现身在我们的面前,也在某些领域中为我们熟悉。现在要直接发问的是:这样的一个事先被给予的存在者的根据会是什么? 发问直截了当地向着根据而去,这一过程简直就像只是对一种平常习用的前设进行拓宽与扩大罢了。例如,有葡萄园的地方一定不可避免会出现某种诸如葡萄根瘤蚜虫之类的东西。有人或许会问:这东西从何而来? 其原因在哪里? 是什么? 在存在者的整体那里也会出现同样的情况,人们会问:根据何在? 根据为何? 这种发问方式的简单形式就是:为什么存在者存在? 其根据和原因①何在? 是什么? 不用说,这是在追问另一个且更高的存在者。然而,发问在这里还根本没有涉及存在者的整体本身。

　　但是,假如现在我们以起初设定的问句形式来追问:"究竟为什么存在者存在而无反倒不在?",那么,这附加的后半句,就会防止我们以发问的方式,直接从那无疑的,已给出的存在者出发,防止我们几乎尚未开始就已经继续和移步走向那被寻找的,同样在存在者层面上存在着的根据。这样一来,这个存在者就以追问的方式推出去,推到不存在的可能性中去了。于是乎,这个"为什么"就获得了完全不同的强力和发问的紧迫性。为什么这一存在者被剥夺了不存在的可能性呢? 为什么这一存在者不干脆地和经常地回落到不存在那里去呢? 这一存在者现在已不再是碰巧现成的存在者,它进入了摇摆不定的状态,全然不管我们对它的认识是否完全确切,也不管我们对它的把握是否周全无遗。一旦我们将这个

---

　　① "Grund"一词在德文中的意思既可指"原因",也可指"根据"。——译注

存在者置入这一问题之中,它本身就开始摇摆不定,这种摇摆的幅度会达至这一存在者的最极端的和最尖锐的对面之可能性,达至不存在和无。与此同时,对"为什么"的寻求现在也发生转变。这种寻求的目标,现在不再简单地只是为现成存在者提供出一套同样也是现成的解释缘由,而是要求一种根据,来论证对存在者的统治,即对无的某种克服。这个被追问的根据,现在是作为决定那站在无的对面的存在者之根据而被问及的,更确切地说,是作为存在者之摇晃的根据被问及的。这个存在者既承担我们,又失落我们,它一半存在/是,[①]一半不存在/不是,由此也就可以说,我们不可能完全地属于任何一种物,甚至不可能完全属于我们自己,虽然如此,亲在却还每每总是我的。

　　["每每总是我的"这一规定性是说:亲在向我抛来,从而我自身得以亲在。但是,亲在说的不仅仅是人的存在之操心,而且还是存在者本身之存在的操心,这一存在在操心中得到绽出式的展开。亲在"每每总是我的",这既不意味着通过我而设定,也不意味着分离为某个个别化的我。亲在由于它的本质性的与存在之关联而就

---

　　① "Sein"是德文系词"sein"的名词或动名词形式,既是日常语言中最常用的系词(就语法句法方面说),又是哲学存在论中的最核心概念。在中文中我们很难或者说完全不可能找到一个相应的字词和其严格对应。我们在译文中主要据上下文分别使用"存在""在""是""有",有时甚至使用"存在/是"或者"是/在","是/在/有"来进行翻译。一般来说,当语句主要是在一般概念层面和哲学存在论的语境中使用时,我们译为"存在";在语法和句法意义上使用或对之进行讨论时,我们译为"是";在两个层面混合使用或者暗示其多重层面意义时,我们译为"存在/是",或者"是/存在","是/在"甚至"是/在/有"等等。鉴于汉语与主要西方语言的这个在语言和思想深层次上的区别,我们采用这般译法也是不得已而为之。希望读者能够明白这在德文中实际就是同一个字词。——译注

是它自己。这就是在《存在与时间》中常常说的那个语句的意思：亲在包含有存在之领会。〕

这样就变得更清楚了，这个"而无反倒不在？"绝不是什么对于真问题的多余附加，相反，这个语气上的转折是整个问句的本质成分。这个完整的问句，说出的是与"为什么存在者存在？"这个问题截然不同的另一个问题。随着我们的追问，我们就把自己放入了存在者，但这样它作为这个存在者的自明性就作为代价而丧失掉了。于是乎，由于这一处在"存在者抑或虚无"的最宽泛与最严峻之可能性振幅中的存在者陷进摇摆之中，发问自身也就失去了任何牢固的基石。就连我们这个发问着的亲在，也来到飘摇之中，并正是在此飘摇中自己保持其为自身。

但是，存在者并不会因为我们的追问而发生任何改变。它一直是其所是〈was es ist〉以及是其如何是〈wie es ist〉。我们的发问仅是在我们之中发生的一种心灵精神进程，无论它怎样频频出击，存在者自身却毫发无损。确实，存在者在保持着它向我们公开出来的那个样子。然而，存在者也不能去推诿那自身值得发问的事情，即：它作为其所是以及如何是，也有可能不是。我们绝不会经验那种只被我们想出来的可能性，相反，存在者自身呈示出这种可能性，它作为存在者在这个可能性中自身呈示，而我们的发问只开启了这个领域，从而使存在者在这样的可追问状态中能得到曝光。

关于这样的发问如何发生，我们的所知还嫌太少，太笼统。在这一发问中，我们似乎完全属于我们自己。然而，倘若发问在发问中也在自行改变（这在每一个真正的发问那里都会发生），自身抛掷出一个涵盖并贯透一切的全新空间，那么，正是这一发问才使我们得以突入公开状态。

关键仅仅在于，不要被轻率的理论诱骗，要就事物的任何最切近状态去体验经历其如何存在。此处的这支粉笔，是一长长的、较为坚固的、有一定形状的灰白色物体，除了这些之外，它还是一用来书写的器物。它正好处在这一位置上，这是确确实实的，同样，它也可能不在这里，可能没有这么大。它的这种被我们在黑板上划动和使用的可能性，绝不是我们仅仅想出来加到这个物体上去的。作为一个存在者，这个物自己就有这一可能性，否则它就不会是作为书写用具的粉笔了。与此相应，每一存在者，都以各自不同的方式，自身就是这一可能的存在者。粉笔就有这种可能，它自身拥有实现其特定用途的特定情状。不过，当我们在粉笔那里寻求这种可能东西之际，我们习惯并倾向于说这种可能性的东西是看不见、摸不着的。但这是一个偏见。消除这种偏见的同时也就展开了我们的问题。而现在只有展开问题，才会把存在者在其不存在与存在之间的摇摆不定中公开出来。只要存在者还对不存在的最极端的可能性保持着抗拒，它自己就已经处于存在中了，而且，它绝没有因此而超出和克服不存在的可能性。

现在，我们不经意间就说到了不存在与存在者的存在，而没有去谈及所说的不存在和存在是如何与存在者自身发生关系的？存在者和它的存在——这两者同一吗？有区别的！例如在这支粉笔这里，存在者是什么？这个问题已经有歧义了，因为"存在者"这个词可能从两种角度来理解，就像希腊文中的τò ὄν〈存在者〉一样。存在者一方面指的是那每时每刻存在着的东西，具体说来，就是这个灰白色的、有着这般模样的、轻巧的、可折断的一块东西。另一方面,"存在者"指的又是那个似乎"使动"的东西,它使得这被命名者是一个存在者,而不是个非存在着〈nichtseiend〉的东西。那东西只要是一存在者,它就构成这个存在者的存在。按照"存在者"一词这样的双重含义,希腊文τò ὄν所指的往往是第二种含义,亦即不是那存在着的存在者自身,而是那个"存在着"〈das Seiend〉,存在者性〈die Seiendheit〉,存在者状态〈das Seiendsein〉,存在〈das Sein〉。与此相反,第一种含义上的"存在者"所称谓的则是所有的或个别的存在着的事物本身,所考虑的只是这些存在着的事物,而不是这些事物的存在者性,不是οὐσία〈本体〉。

τò ὄν〈存在者〉的第一种含义指τὰ ὄντα(entia)〈存在者〉,第二种含义指τò εἶναι(esse)〈存在者之为存在者〉。我们已经叙述了存在者在粉笔那里是什么。我们也可相对容易地发现它。此外,我们还能轻易地看出,这玩意儿也可能不存在,以及这支粉笔最终用不着在这里存在,而且根本就不需要存在。那么,那个与能立于存在中的东西,或者能落归于不存在的东西区别开来的东西是什么?那与存在者区别开来的东西是什么?存在?存在与存在者同一吗?我们于是重新发问。前面我们并没有一同列举存在,而只是列出了:材质、灰白色、轻巧,如此这般的形状、易碎。存在这会儿藏在哪里?这东西必定在粉笔里,因为粉笔自身就是这支粉笔。[①]

我们无处不与存在者遭遇。存在者包围着我们,支撑、驱使、

---

① 此句,即"..., denn sie selbst, diese Kreide *ist*."也可译为"......,因为粉笔自身就作为这支粉笔而存在"。——译注

蛊惑、满足我们,它使我们被激发起来,又使我们沮丧下去。但是,在这一切之中,存在者的存在又在哪儿呢? 在于什么呢? 人们有可能回答:存在者与其存在之间的区别,可能只会具有语言上的,以及偶或在意义方面也有某种重要性。人们只能在单纯思维中,亦即在置前－表像与意指中作出这种区别,而无需在存在者那里有什么存在着的东西与这一区别相对应。然而,即使这种仅仅臆想出来的区别也是成问题的,因为一直不清楚,究竟是什么东西在此要以"存在"的名义被思考? 眼前,对存在者进行认知,并能保证对它的控制,这就足够了。若除此之外还要去将存在区别出来,那就只能是矫揉造作,导致虚幻。

关于这个由上述的区别而产生的热门问题,我们已经说了一些看法。现在让我们仅仅考虑一下我们所企求的东西。我们问道:"究竟为什么存在者存在而无反倒不在"? 在这一问题中,我们似乎仅仅关注存在者,而避免了关于存在的空洞冥思。但是,我们发问的究竟是什么? 为什么这个存在者这样存在? 我们追问的是根据,是存在者之是/存在,是什么,以及它不是无的根据。我们在根基处追问存在。但如何追问呢? 我们追问存在者的存在,我们着眼于存在者的存在来追问存在者。

但只要我们一直在发问,我们其实已经着眼于存在的根据而先对存在发问了,尽管这个问题尚未得到展开,也还一直未曾确定,存在自身是否就已经是根据和充足的根据? 如果我们说这一追问存在的问题就是第一位的问题,那么难道我们这样说的时候,竟可以不知道存在所处的情形如何吗? 竟可以不知道存在如何区别于存在者吗? 然而,如果我们对存在本身没有足够地把捉,领会和掌握,我们究竟怎么可能哪怕只去探问一下,更不消说去发现存在者的存在之根据呢?这一企求是毫无希望的,就好像有人一方面想要去弄清一场火灾的由来与原因,但另一方面却又宣称,他无须去考虑这一火灾的过程、发生场所以及对它们的考察。

于是,"究竟为什么存在者存在而无反倒不在?"这个问题就迫使我们要去先问:存在所处的情形怎样的?①

我们现在追问的是我们几乎毫无把捉的东西。这东西对我们来说一直还只是一个单纯的读音,它还使我们走近了一种危险,即当我们继续进行追问时,我们就沦入一种单纯的词的偶像崇拜中。因此,我们更加有必要从一开始就弄清楚,在我们的眼中,存在以及我们对存在的领会是怎么一回事?这里的首要事情是要不断地体会到,我们不可能直接真正地把捉存在者的存在,这种把捉既不可能在存在者身上,也不可能在存在者之中,更不可能在其他什么地方发生。

举几个例子应该会有帮助。街对面矗立着理科中学的教学大楼,这就是一存在者。我们能够从外面察看这座大楼的方方面面;也可以在里面从地下室开始一路溜达,直至顶楼,看清在那里面的一切:走廊、楼梯、教室以及其设施。我们到处都会发现存在者,甚至发现它们全都井然有序。现在,哪儿是这所理科中学的存在?它确实存在。这座大楼存在。如果有些什么东西包含在这个存在者中的话,那么它就是这个存在者的存在,不过在这个存在者的内

---

① 这个问句的德文为"Wie steht es um das Sein?",又可译为"存在是怎样的一回事情?"——译注

部,我们还是找不到这个存在。

　　这存在也不在乎于我们对存在者的观察。即使我们不去观察那座大楼,它依然在那里矗立。因为它已经存在,我们才能遇上它。此外,这么大楼的存在似乎对每一个人来说都各不相同。这所大楼的存在,对于我们这些旁观者与路人来说,不同于那些坐在这大楼里的学生们。这并不是因为学生们只是从里面来看,而是因为对于学生们而言,这大楼就是其真正的样子,是其所是以及其如何是。人们好像能嗅出这幢大楼的存在气息,哪怕几十年之后,也还萦绕不绝,难以忘怀。这一气息比起任何间接性的描述与观察,都更为直接与真实地呈现出这一存在者的存在。然而另一方面,这一大楼的存续却不取决于那在任何一个具体地方漂浮着的气味。

　　存在所处的情形如何?我们能看见存在吗?我们看见的是存在者,例如,在这里看见的是粉笔。但是,我们像看见颜色、看见光亮和黑暗一样看得见存在吗?或者说,我们听得见、嗅得到、尝得出、触得着存在吗?我们听得见摩托机车穿过大街驰行,我们听得见松鸡滑翔着掠过山林。可是实际上,我们听见的却只是摩托发动机发出的鸣噪声和松鸡发出的沙噪声。要描述出这种纯粹的噪音,甚至会很难,会使我们感到别扭,因为它不是我们惯常听见的东西。我们总是听见更多[如果从单纯的噪音开始来计算]。我们听见飞鸟,尽管严格说来,我们必须说:松鸡不是可听见的东西,它不是一种声音,不能归入任何一个音阶。其他的感官也是同样。我们触摸天鹅绒,丝帛,我们直接就看出这样那样的存在者,它们以各个不同的方式存在着。那么,存在究竟在何处?其关键何在?

　　然而，我们还应当多方位地周全察看，事无巨细地思忆那个我们每日每时、自知或不自知地都在其中活动存留的区域，这个区域的边界在不断地伸延，而且，它会在突然的瞬间被突破。

　　一场猛烈的暴风雨"在"山里发生，或者这里实际应该说，它昨夜"曾在"山中发生。但暴风雨的存在究在何方？

　　辽阔的天空下伸展着绵延的山脉……。这样的东西"在"。这个在究竟在于何方？它于何时，向何人启露？是向欣赏美景的游客呢？还是向生于斯，长于斯，在此劳作的农人，抑或是向预报天气的气象学家？他们之中究竟是谁把捉了存在呢？全部而又无一人。或者说，上面的这些人在辽阔天空下的山脉那里所把捉到的东西，是否总只是些山脉的外观，而非山脉自身如其本身的那个样子的"存在"，也非山脉的本真存在之所在呢？那么，谁可以把捉这一存在呢？抑或说，去追问那在外观背后自在存在的东西这件事，根本就是荒谬，就是对存在之意义的背谬？难道这存在就在外观之中吗？

　　早期罗马式教堂的门廊是存在者。这里的存在如何以及向谁启露真容？是向来这里考察观摩的艺术研究者呢？还是向在礼拜日里带领他的修士们一同穿过这一门廊的修道院院长？抑或是向那些在夏日里在其凉荫处嬉戏的孩儿们？这一存在者的存在是怎样的一回事呢？

　　一个国家存在。它的存在在于何处？在于国家警察对罪犯进行拘捕？还是在于帝国政府机构内的打字机声响成一片？这些打字机打印着国务秘书和部长们的指令。抑或是这个国家在于元首与英国外交大臣的会谈中？国家存在。但这存在身陷何方？难道它竟陷在任何地方吗？

梵高的那幅油画：一双坚实的农鞋，别无其他。这幅画其实什么也没有表现。但你一下子就独自与那亲临来此存在的东西一道，好似一个暮秋的夜晚，当最后一丝烤马铃薯的火光熄灭，你拽着疲惫的步履，从田间向家中，肩荷锄具，踽踽独行。是什么东西来此存在？亚麻画布呢？还是画面上的线条？抑或是那油彩斑斑？

在上面所列举的这所有一切中，什么是存在者的存在呢？既愚蠢狂妄而又不乏几分睿智的我们，究竟是如何在这世上到处蹦跶折腾，熙熙攘攘？

所有我们列举的这一切都确实存在，但一旦我们想要去把捉这个存在，我们却又总是扑空。我们在此所追问的存在，几乎就是无，但我们同时却又想要时时刻刻"存在"戒心，反对去说那种全部存在者都似乎不存在的过头之语。

但是这个存在始终不可得，几乎就像这个无一样，或者最终完全就是无。于是，"存在"最后只是一个空洞的词汇。它意指非现实的，不可把握的，非实在的东西。它的含义就是一团虚无缥缈的迷雾。当尼采将存在这样的"最高概念"称呼为"气化了的实在的最后一缕青烟"时，他最终是完全正确的（《偶像的黄昏》，著作第8卷第78页）。无论是谁，若想要追逐这样的一团迷雾，任何的语词命名说的就只能是一个巨大的迷误！"事实上，迄今为止没有任何东西要比关于存在的迷误更具那质朴的，令人叹服的力量"（著作第8卷，第80页）。

"存在"——一团迷雾和一个迷误？尼采这里关于存在的述

说,绝不是某种在其准备他那真正的,从未完卷的著作时陷入工作癫狂状的随笔性评论。相反,这是他自其最早年哲学工作以来就拥有的关于存在的主导观念。这一观念从根基上支撑并规定着他的哲学。今天围绕着尼采的低劣作家如过江之鲫,不时用些愚蠢造作的货色来纠缠他。尽管如此,尼采哲学仍旧保持完好无损。只怕对尼采作品的最糟糕的误用,还没有到此为止呢!我们在这里谈论尼采,不想与那些胡搅蛮缠的货色发生任何牵连,甚至也不要有某种盲目的英雄化。这样,任务就变得至关紧要,但同时,我们又需要保持清醒。这一任务首要之处就在于,在实际进行对尼采的批判中,将他发掘出的东西充分地拓展开来。存在乃一团迷雾,一个迷误!如果真是这样的话,那么唯一的结论似乎就只能是:我们对"究竟为什么存在者存在而无反倒不在?"放弃发问,因为倘若那成疑问的东西只是一团迷雾和一个迷误,那这还算是个问题吗?

尼采说出了真理吗?抑或他自己只是某种长期迷误和疏忽的最近一个牺牲者?但他作为这个牺牲者的同时,岂非不是某种崭新必然性的和尚未人知的见证?

存在是如此地复杂纠结,罪过在于存在吗?它一直如此空洞,症结在于语词吗?抑或说,我们对此难辞其咎?我们难道不是因对存在者稽尽催逼、追逐之能事而从存在那里脱落?或者说,这根本就非我们今人才有的过错,也不要仅仅归咎于我们的先辈和远祖,而要归咎于某种从一开始就贯穿着西方历史的历事。对于这一历事,所有历史学家的眼光都绝对达不到,而它确确实实地就在过去,现今和未来发生?假如我们人类,或者说有些民族,蝇营狗苟,奋力于对存在者的最大操控,而却浑然不知其早已从存在处脱落;假如这就是人类沦落的最内在的和最强有力的缘由;假如这些都是可能的,那该是怎样的一幅图景啊?(参见《存在与时间》第38节,特别是第179页以下)

我们这里并不是偶然地提出这些问题,也根本不是出于心血来潮或者为了某个世界观的缘故而提出。这些问题是那个从主要问题中必然产生出来的先行问题向我们逼问出来的。这先行问题就是:存在所处的情形是怎样的? 这也许是个冷静客观的问题,但它也确实毫无用途。然而却还有一个问题,这问题就是:究竟"存在"是个单纯的词,其意义就在于一团迷雾,还是说它的意义是西方精神的命运?

这个欧罗巴,还蒙在鼓里,全然不知它总是处在千钧一发、岌岌可危的境地。如今,它遭遇来自俄国与美国两面的巨大夹击。从形而上学的层面来看,俄国与美国二者是相同的,即两者对那无羁狂奔的技术和那肆无忌惮的庸民大众组织都有着同样的绝望式的迷狂。如果有一天,技术和经济开发征服了地球的最后一个角落;如果任何一个地方发生的任何事件,都在一瞬间迅即为世人知晓;如果人们能在同一时间"经历"一个国王在法国的遇刺①与一个交响音乐会在东京的举行;如果时间作为历史,已经从所有民族的所有亲在那里消失,时间仅仅作为迅即性、瞬刻性和同时性而存在;如果拳击手被奉为民族英雄;如果成千上万人的群众集会成为

————————

① 这里讲的是 1934 年 10 月 9 日,南斯拉夫国王亚历山大一世〈1888－1934〉在对法国进行国事访问期间,在马赛遇刺身亡。——译注

一种盛典,那么,问题就会像闹鬼一般此起彼伏,层出不穷,即到处都在问:为了什么? 走向哪里? 往后是什么?

大地上精神沦落已行进得如此之远,各民族已处于失去其最后的精神力量的危险中。而只是这种精神力量恰恰才会使我们有可能看见这种[与"存在"命运密切相关的]沦落和评估这般沦落本身。这般直截了当的断定并不是什么文化悲观主义,当然也与任何乐观主义毫不相干,因为随着世界趋向晦暗,诸神的逃遁,大地的毁灭,人类的大众化,那种对一切具有创造性和自由东西怀有恨意的猜疑,已在大地上到处滋生蔓衍,以致像悲观主义和乐观主义这类幼稚的范畴,早已变得可笑之极了。

我们处在夹击之中。我们的民族位处中心点,正经受着最猛烈的夹击,我们拥有最众多的邻国,因而也就面临最大的风险,因此之故,我们是有着形而上学特质的民族。我们确信,这是个被规定的境况,而只有从这一境况出发,从自身中生发出一种对上述境况的反响,或者生发出这样一种反响的可能性,并创造性地理解传统,我们这个民族才会得以响应某种命运。所有这一切说的就是,这个民族作为历史性的民族,要将自己本身并随之将西方历史,从它们的即将来临之历程的中心处拽出来,行进到那存在之强力的源生域。如果这个攸关欧洲的伟大决断不至于踏上毁灭之路的话,那么这一决断就只能从这个中心处,通过对新的历史性的精神力量的拓展来进行。

"存在所处的情形是怎样的"? 这一追问丝毫不比重复我们的历史性-精神性的亲在之开端来得轻松。重复旨在使亲在另起开端,这样的情形是可能的,它甚至是历史的颁布标准方式,因为它在基本历事中生成。但是，重复一个开端并不是扭转回到以前的、对现在而言已是熟知的，仅仅需要摹仿一下就行的东西上去，而是要更源初地重新开始这个开端，并且这一重新开端伴随着一切陌生的、晦暗不明的、吉凶未卜的东西。一个真实的开端会随身带着这样的东西。因此，我们所领会的重复，可以是任何东西，但绝不会是那按照迄今以来的方法对沿袭下来的东西所进行的不断完善。

"存在所处的情形是怎样的"？这个问题作为先行－问题被包括在我们的主导问题"究竟为什么存在者存在而无反倒不在?"之内。如果我们现在再着手来探究那在此先行－问题中所追问的东西，即对存在追问，那么，尼采的论断就立即充分表现出其真理性来。如果我们观察得真切，那么，这个"存在"，在我们的眼中，除了是一个单纯的语词，一个不定的意义，有如一团迷雾般地不可捉摸，还会是什么呢？尼采完全以纯粹蔑视性的口吻说出他的论断。在他看来，"存在"就是一绝对不该出现的错觉。"存在"飘忽不定，犹如一团迷雾吗？事实就是如此。我们并不想避开这一事实，相反，我们必须力求澄清这一事实性，以通瞰它的全貌。

通过发问，我们就进入了一种情境。在这一情境内"去存在"，这就是历史性的亲在得以重新获得某种立足点的基本前提。我们将不得不发问，为什么我们把"存在"视为一个谜一样的词这一事实今天才刚出现呢？而这一事实是否以及为何长期以来就一直存在？我们应当学会知道，这一事实并非像它在第一次被确定时所显现的那样无关紧要。因为归根到底，关键并不在于"存在"这个词对我们而言只一个音响，而它的意义始终成谜，相反，关键在于我们从这个词所说出的东西那里脱落出去,并且一时半会儿也再不会复归;而且恰恰因为如此,而不是出于其他任何原因,"存在"这个词就什么内容也不再涉及了,而一切我们想要去把捉的内容,都像阳光下的云絮,消逝一空。正因为情况是这样,我们才对存在发问。我们发问,因为我们知道,真理绝不可以在一个民族那里一蹴而就。事实在于:即便这一问题更进一步源始地得到了追问,人们现在还是不能够,也不愿意去领会它,但这丝毫不能消除这一问题的不可回避性。

当然,人们可能,似乎十分机智而又深思熟虑地重新援引那早已众所周知的说法:"存在"乃最具普遍性的概念。它的适用范围的伸展至大无外,甚至于无。无作为某种被思考、被说出的东西也"是"什么嘛。可见,一旦超出这个严格意义上的最普遍的"存在"概念之外,就不再有任何东西可以用来进一步规定这个存在本身了。在这一最高的普遍性面前,人们不得不无所作为。存在的概念是一终极概念。而这也正合乎逻辑学的一条定律,即一个概念的外延越大——还有什么能比"存在"这概念的外延更大呢?——其内涵就越不确定和越空洞。

大家都是平常人,这种思维过程对于每一位有正常思维的人都是直截了当的和绝对有说服力的。但现在的问题是,这种将存在设为最普遍概念的做法是否涉及了存在的本质呢?抑或这是不是从一开始时就陷入了误解之中,从而使追问变得毫无希望呢?真正要问的问题是:存在是不是只能作为在一切其他特殊概念中不可避免地起作用的最普遍概念?或者存在有着完全不同的本质,因而,如果假设我们是在传承下来的意义上使用这个词的话,那它就什么都可能是,但偏偏就不是某种"本体论"的对象。

　　"本体论"这一名称是到了十七世纪才出现的。它标志着传统的关于存在者的学说形成为哲学的一个分支,成为哲学体系的一个科目。曾经在柏拉图、亚里士多德那里,后来又在康德那里重新出现的一个问题,此时被这门传统的学问加以教条式的梳理分解和排序,当然,这个问题已不再是个源初的问题了。这样,"本体论"这个词至今仍还在使用。哲学总是用这一名称来建立和描述哲学体系内的一个分支。不过,"本体论"这个词还可以在"广义上"使用,即"不偏倚任何一种本体论流派和倾向"(参见《存在与时间》,1927 年,第 11 页)。在这种情况下,"本体论"指的是那种要将存在诉诸言词的努力,而且这种努力通过对"存在(而不仅只是存在者本身)所处的情形是怎样的"这个问题的发问来付诸实施。但是,这一问题至今尚未得到响应,甚至还没有获得任何反响,相反,学院派哲学中各个学派奉行传统意义上的"本体论",他们都明确拒绝对这一问题发问。所以,将来最好还是放弃使用"本体论"、"本体论的"这样的名称。现在才变得显而易见的是,两种发问方式迥然不同的东西,不宜采用相同的名称。①

　　我们发问的问题是:存在所处的情形是怎样的? 什么是存在的意义? 我们的目的并非是为了建立一个具有传统风格的本体论,也根本不是要对其先前的探究错失进行批判性的清算。这里

---

　　①　海德格尔的这一说法,也算给译者一个较为充分的理由,在本译文中,但凡遇到在传统的、狭义理解的"ontologie"或"ontologisch"时,均译为"本体论"或"本体论的",而遇到在广义的、海德格尔意义上使用的"ontologie"或"ontologisch"时,则译为"存在论"或"存在论〈层面上〉的"。——译注

所涉及的完全是另外一码事。要把人的历史性亲在，同时也总是我们最本己的将来之亲在，在规定着我们的历史整体性中，复归到有待源始展开的存在之强力中去，这才是应该做的事情。当然，这一切都只能在哲学力所能及的界限中发生。

从形而上学的基本问题"究竟为什么存在者存在而无反倒不在?"出发，我们提出了那个先行－问题:存在所处的情形是怎样的？这两个问题之间的关系需要澄清，因为这种关系很特别。通常说来，先行问题尽管要依照主要问题才会得到解决，但它的解决毕竟是在主要问题之前和之外。但哲学的追问在根本上完全不同，它不可能有朝一日被搁置不顾。在这里，先行问题根本就不会立于基本问题之外，它简直就可以说是那发问基本问题时燃烧着的火种，是所有一切追问的策源地。这就是说，对基本问题的首次发问的关键之处就在于，当我们对基本问题的先行－问题进行发问之际，就已经采取了那决定性的基本立场，获得并确定了在此具有本质意义的态度。所以，我们就把追问存在的问题与欧洲的命运连接起来了，地球的命运在欧洲本身，而欧洲则以我们的历史性亲在则为中心。

问题这样问道:

究竟存在是一个单纯的语词，它的意义是一团迷雾，还是说"存在"这一语词所指称的东西那里隐含着西方精神之命运？

这一问题在许多人听来会觉得刺耳且过分激烈。因为虽然勉强也可以想象，关于存在问题的讨论与关于地球的历史性决断问题，最终可以通过极端遥远的距离并以十分间接的方式，产生关联，但这与可能从地球上的精神历史出发来直接地对我们发问的基本立场与姿态进行规定相比,情况不尽相同。不过,这种关联确实存在。我们的目标是要发问先行－问题,所以,现在应当指出的是,直接地和从根本上说来,这一对先行－问题的追问是怎样以及在何种程度上一道运作在那历史的决断性问题之中。而要说明这一点,有必要首先以主张①的形式对某种根本观点进行一番预先的讨论。

我们主张,对这个先行－问题并随之对形而上学基本问题进行追问,乃是一彻头彻尾历史性的追问。但这样一来,形而上学与一般哲学岂不由此变成一门历史科学了吗?历史科学研究时间性的东西,而哲学恰恰相反,研究的却是超时间的东西。哲学,唯有当它像一切精神作品般地在时间历程中自身实现之际,才是历史性的。在这一意义上,将形而上学的发问标画为一种历史性的发问,并不能说明形而上学,而只是引出某种自明的东西。因此,这种主张要么是什么也没有说和多余的,要么干脆是不可能的,因为它是把哲学与历史科学这两门根本不同的学问类型混为一谈。

对此,必须说:

1.形而上学与哲学根本就不是科学,也不能由于它们的发问在根本上是一种历史的发问而成为科学。

2.就历史科学方面言,它作为科学完全没有去规定与历史的源始关系,而是总已经将这种关系设为前提。也正因为如此,历史

---

① 德文词"Behauptung"出于动词"behaupten"。原义为 1)断言,宣称、声称;2)维持、保持、坚守。实际上前者也可被理解为用语言来保持,坚守某种东西,某个立场,所以有"断言""宣称""主张"之义。海德格尔主要是在宣称对存在的持守这个意义上使用这个词,故译为"主张"。——译注

科学或者能使那种本身就是历史性的与历史的关系扭曲变形,误解并被挤迫为关于古董物的单纯知识;或者它能为早已有根基的历史关联提供出本质性的视域,并且能让人在历史的关联性中体验历史。我们这些历史性亲在对历史的某种历史性关联,可能会变成为一种知识的对象和开发出来的知识状态,但这并非是必然如此的事情。此外,并不是一切与历史的关联,尤其是那些本质性的关联,都能在科学上被对象化和得到科学的处理。历史科学绝无可能酿生出这种与历史的历史性关联。它只能时而照亮某种已经酿成的关联,在认知方面论证这种关联而已;而这一关联,对于一个求知民族的历史性亲在来说,当然就不仅仅只是"有用"或者"有害"①,而是一种本质的必然性。因为只有在与其他诸门科学有别的哲学中,才会出现与存在者的总是带有本质性的关联,所以,对于我们来说,今天的这种关联才能而且也必须是一种源始的历史性关联。

　　为了理解我们的主张:对先行－问题的"形而上学"追问乃是彻头彻尾的历史性的,我们首先应当考虑的是,历史对亲临在此的我们来说并非意味着像已经过去的东西那样多,因为已过去的东西恰恰是不再生出事端的东西。但是,历史也不是而且不正好就是单纯现今的东西,因为单纯现今的东西也绝不生事,它总只是

---

　　① 海德格尔这里暗自引述尼采。参见尼采《论历史学对于生活的利与害》(Vom Nutzen und Nachteil der Historie für das Leben),收入尼采《不合时宜的思考》(*Unzeitgemässe Betrachtungen*)。又参见海德格尔《存在与时间》第 76 节"历史学在亲在历史性中的生存论渊源"中关于此问题的讨论。——译注

"过路",来临与过往。历史作为历事活动,就是那从将来得到规定的,把曾在接受过来的,穿越过现今的全过程行为举止与经受,而这现今,恰恰就正在那悠悠历事中消隐而去。

我们对形而上学基本问题的追问是历史性的,因为这追问把人类亲在的历事活动,在其本质性的关联中,亦即在与存在者整体本身的诸多交道关联中,向着未被追问过的诸多可能性,向着将﹣来公开出来,这样同时也就将它联结回到其曾在的开端上去,而且,这就使处在现今中的追问变得更加尖锐,难度更大。在这样的追问中,我们的亲在就被召唤,在历史这个语词的充分意义上来到亲在之历史,被唤入这一历史以及被唤入这一历史中的决断。这种追问并不是在事后运用某种道德世界观行事,相反,它的基本立场与发问态度自身就是历史性的,它立于并且保持在历事活动中,从此一历事活动出发向并为着这一历事活动,进行发问。

但是,我们还缺乏那种本质性的眼光,去看穿究竟在多大的程度上这一自身就是对存在问题的历史性追问,甚至对地球的世界历史,都还有某种内在的隶属性? 我们曾说过,在地球上并围绕着地球,世界正趋入晦暗。这一世界晦暗化的本质表现就是:诸神的逃遁、大地的毁灭、人类的大众化、平庸之辈的优越地位。

当我们说到世界趋入晦暗之际,这世界指的是什么? 世界总是精神性的世界。动物没有世界,也没有周遭世界之环境。世界的晦暗在自身中就含有某种对精神之强力的去势,含有精神的涣散、衰竭和对精神的挤压和曲解。现在我们要从其中一个方面,即从对精神之曲解的方面,来说明这种对精神之强力的去势。我们说过,欧洲处于俄国与美国的夹击之中,这两个国家在形而上学的层面上是相同的,也就是说,就它们的世界特征以及它们与精神的关联来说,两者是相同的。由于这种对精神之强力的去势是从欧洲自身产生出来的,并且,尽管之前就开始酝酿,但它终究还是由欧洲自身十九世纪上半叶的精神状况所决定,所以,欧洲的境况就愈加成为灾难性的。十九世纪上半叶,我们这里发生了人们常常津津乐道的"德国观念论的破产"。这一说法简直就像一个防护罩,在它的下面,精神之萎靡已经开始露出端倪,精神强力在溃散,所有对根基以及在这些根基上之联系的源始追问遭到拒绝,而这一切的一切,都被这个防护罩给遮盖和藏匿起来了。实际上,并不是什么德国观念论在破产,而是那个时代已不再足够强大,不再能继续保持那精神世界的伟大、辽阔和源始性,这也就是说,精神世界,除了仅仅去将那些定理、观点运用实施之外,已不再能实现某种总是异常的东西。亲在开始滑入那不再有那曾经深度的世界。曾几何时,那本质性的东西就源出于这个深度,它来到人面前,返归于人,这样它就逼迫着人去到卓越状态并允许人按其身份品位行事。所有的事物都陷在相同的层次上,陷在表层,这表层就像一面无光泽的镜子,它不再能够反射与反抛光线。广延和数量成了一统天下的维度。"才能"不再意指那盖世才华与力量的高屋建瓴和四方横溢,而只是指那任何人通常经历过一番辛劳都可以学得的娴熟技能。在美国与俄国,所有的这一切都正在以相同的、无差别的方式毫无节制地蔓衍滋生,日益强化,直至这种量上的蔓衍反过来变为一种本己独特的秉性。自此,在美国和俄国那些地方,无差别的平均状态的盛行,这不再是什么无足轻重的小事一桩,而是那种侵略性极强的蜂拥而上,它要摧毁一切品位,摧毁一切世间精

神事物,并呈现为是一场骗局,这就是我们称之为[灭顶之灾的]①
恶魔式暴行。有各式各样的征兆表明这一恶魔的降临,同时也表
明欧洲在自身中以及面临这一灾难时,有着日益增长着的疑虑和
不知所措。其中的一个征兆就是对精神之强力的去势,而这一对
精神之强力的去势则可以从对某种我们今天身处其境的历事活动
的曲解中得到解释。这一对精神的曲解可以按四个方面简要地概
述如下:

第一,将精神曲解为智能,这是决定性的曲解。这种智能就是
单纯的理智,它思索,计算和观察那事先给出的事物,它们的可能
变式以及随后添加的新事物。这种理智是单纯的能巧,是可以训
练出的和批量分配的东西,它委身臣服在与精神格格不入的组织
化的可能性之下。所有的文学流派和美学趣味都仅只是假冒为智
能的精神的后来产物与变种。这里仅仅还有点儿精神味的东西就
在于它带着精神的假面具并掩盖着精神的匮乏。

第二,精神被假冒为智能,这样它就沦入为其他事情服务的工
具的角色,成为既可教也可学的操作工具。无论这种智能服务现
在涉及的是物质生产关系的规整和掌控(像在马克思主义那里),
还是一般地涉及对一切总已摆在面前和已然设定物的巧然排序和
说明(像在实证主义那里),再或者就是这种智能在一个民族的种
族和生命群体的组织化操纵中起作用,但无论哪一种情况,精神作
为智能,都变成了某种别异者的去了势的上层建筑,而这一别异
者,因其丧失了精神〈geist-los〉,或者说甚至对精神的厌恶－反对

———————————

① 　此处1953年德文版为圆括号。——译注

〈geist-widrig〉，就成了真正的现实物。如果将精神理解为智能——就像极端形式的马克思主义所做的那样，那么，就完全应当相应地这样说，精神，亦即智能，在人类亲在的实际力量的位序上，必须始终要排在健康的肉体体魄与特质之后。但是，一旦人们在其真理性中把握了精神的本质，这一位序就变得不再真实，因为肉体的所有真实力量和美妙，刀剑的一切精准和果敢，也还有理智的全部真实与机灵，都植基在精神之中，它们都只有随着精神在当下的强力或无能，或获得提升，或陷于堕落。精神是承载者，统治者，是第一的和最后的，而不是那个仅仅不可或缺的第三者。

第三，一旦这种对精神的工具性曲解开动起来，精神性历事活动的强力，诗歌与形象艺术，国家事务与宗教，都会驱入一种可能被有意识的照料与规划的境地。它们同时被按领域分门别类，精神性的世界就变成了文化，而同样，个体的人就企求在这种文化的创造和保持中实现自身的完成。这些领域就变成为自由作为的领地，而这种自由作为则按照它自身恰好达到的旨意来为自己设置判准。这种适用于制作与使用的标准就被称为价值。文化价值唯有将自身限定在其自身有效的范围内：为诗歌而诗歌，为艺术而艺术，为科学而科学，才会在一种文化的整体中确保其意义。

我们在大学里特别关涉的是科学。很容易看出，科学在过去几十年来的状况，虽然也经历过些许清理，但至今仍未有改观。关于科学，现在好像有两种貌似不同的看法在互相争斗，一方认为科学是技术－实用型的职业知识，另一方则认为科学就是文化价值本身。但是，两者都沉浮在同一条堕落的轨道上，都在曲解精神并对精神之强力去势。他们之间的区别仅仅在于，关于科学是技术的、实用型的专业知识的看法在当今的情况下至少还要求给予公开、清晰的逻辑一贯性以优先地位;而那现在重又兴起的、相反把科学解释为文化价值的看法,则企图通过一种无意识的谎言来掩盖精神的乏力。这种精神丧失的迷乱甚至可能会走得更远,其结果就是:技术-实用型的科学解释同时也承认是作为文化价值的科学,这样,这两种看法就在同样丧失精神的情况中达成互相谅解。如果人们愿意把从事教学与研究的诸多专业学科聚合在一起的设施称为大学,那么,这只是一个名称而已,但绝不再有什么源始统一和肩负使命的精神强力可言。我1929年在这所大学的就职演讲辞中说过的话,今天对于德国的大学也还适用。在那里,我说:"科学的诸领域相距遥远,它们对其对象的处理方式也根本不同。这种不同学科的各自封闭的多样性,今天只有通过各大学和院系的技术性组织才能集拢在一起并且通过各个专业的实用目的才获得某种意义。然而,科学的扎根活动在其本质根基处已经走向坏死"(《形而上学是什么?》,1929年,第8页)。今天,科学在它的所有领域都成了一种获取知识与传授知识的技术性和实用型事务。从这样的科学出发,根本就不可能出现对精神的唤醒,倒是科学自身需要这样一种唤醒。

第四,对精神的最后一种曲解存在于前面所说的一些假冒中,这些假冒把精神视为智能,把智能视为服务于目标的用具,又把这些用具及其产品一起视为文化领域。作为服务于目标的智能的精神与作为文化的精神,最终就都变成了人们摆在许多其他东西旁边,用来点缀装饰的奢侈品与摆设。通过公开展示和炫耀这些东西,人们证明,他们并不想否弃文化,也绝不愿成为野蛮人。俄国的共产主义在经历了最初的一段纯粹否定性的立场之后,就立即转渡到了上述的宣传策略中。

　　与这些对精神的多重曲解相反,我们现在将精神的本质简略地规定如下(我引述的是一段我在我的校长就职演说中说过的话,因为在那个场合,一切都以浓缩的形式表达出来):"精神既不是空空如也的睿智,也不是毫无羁绊的机智游戏,既非无休无止的知性拆解,更非什么世界理性。相反,精神乃是向着存在之本质的、有着源始性的谐和情调的、有所知晓的决断"(《校长就职演说辞》,第13页)。精神是对存在者之为存在者整体之强力的授予。精神在哪里主宰,存在者之为存在者就总在那里随时而且更多地存在。因此,对存在者之为存在者之整体的追问,对存在问题的追问,就是唤醒精神的本质性的基本条件之一,它从而也是历史性亲在的源初世界得以成立,防止世界陷入晦暗的危险,承担我们这个身处西方中心的民族之历史使命的本质性的基本条件之一。这里,我们只有在这些大而化之的笔触中才能摸清楚,对存在问题的追问自身怎样以及在多大程度上是历史性的? 因此也才能够澄清,我们的问题——即对我们来说,存在究竟是一团单纯的迷雾,还是将会成为西方的命运——已全然不是一种夸张之辞和无稽之谈。

　　但是,假如说我们对存在问题的追问具有本质性的决定性性质,我们就必须首先十分严肃地对待那赋予我们的问题以直截了当的必要性的事实,而这一事实就是:存在对我们来说,实际上几乎就只是一个词而已,而它的意义则是一团飘忽不定的迷雾。这一事实不仅只是说,在我们的面前所面对的是一个陌生的他者,我们仅仅可以将它确定为以现成存在者方式出现的东西。它还是我们身处其中的东西。它是我们亲在的一种状态,这状态当然不是指一种只能从心理学上加以显示的特质,状态在这里意味着我们的整个情形,意味着我们自身如何在与存在的关联中被把捉的方式。从本质方面来看,这里与心理学无关,而却与我们历史有关。我们把"存在对于我们来说就是一单纯语词和一团迷雾"这一说法称为"事实",但这完全只是个权宜之计。我们只想借此抓住和确实一下那还完全没有被透彻思考的东西;尽管看上去像是在我们这里,在人类这里,或者像有些人喜欢说的那样,在我们"之中"发生的东西,我们却还没有为之留有任何位置。

对我们来说,存在仅仅是一个空洞的语词和一团迷飘忽不定的迷雾。人们想把这个单一的事实归入到那更为一般的事实中去,而那更为一般的事实就是:许多而且恰恰是些本质性的语词都具有相同的情形,即语言一般来说,就是被使用和被利用,它是某种不可或缺的东西,但它又无所主属,是一种可任意使用的理智手段,就像一种公共交通工具,像任何人都可以出入上下的公共汽车一样。如此说来,任何人都可全无障碍,起码毫无危险地用语言阅读和书写。这无疑是正确的。然而,仅还只有极少数人有能力看穿当今的亲在对语言的这种错误关联和无所关联的全部意义。

不过,"存在"这一语词的空疏,它的命名力量的衰败殆尽,并不是什么一般的语言使用方面的某个单纯的个别情况,相反,那已被毁坏了的、对存在本身的关联才是我们对语言拥有的全部错误关系的真正原因。

以净化语言与保护语言不受进一步损害为目标的各种机制,理应受到尊重。然而,这些机制的建立最终只是更加清楚地证明,人们不再知道语言所处的情形是怎样的。因为语言的命运立基于一个民族对存在的当下关联之中，所以，在我们看来，追问存在的问题与追问语言的问题在最中心处将会相互交织在一起。当我们现在要着手摊开存在正处于全方位的气化中这一所谓事实时，我们看到，我们将不得不从对语言的思考开始，而这绝不仅是一个外在的偶然事件。

Ⅱ. 走向"是/存在"〈Sein〉[①] 这个语词的语法与词源

如果我们觉得存在只是个空洞的语词,只有一团飘忽的含义,那我们就必须来尝试一下,至少去把这个尚留有某种关涉的遗存物完全抓住。因此,我们首先要问:

1.就此词的形式来看,"存在"究竟是怎样的一个词?

2.关于此词的源始含义的语言知识告诉了我们什么?

用学术性的术语来说:我们发问"存在"这个语词的 1.语法;2.词源。[②]

关于语词的语法研究并不只是而且并不首先是把握这些词的书写形态与语音形态。语词的语法研究把在此出现的形式因素视为导引,它引向对言语之可能含义的限定与区别,也引向那对由此标明出来的某个语句的,乃至某种更深远的言谈架构之可能嵌入的限定与区别。现在有这样的一些语词:"他走去","我们曾走去","他们去过了","快走!","正走着","走"。这些都是同一个词

---

① 参见前面第33页译注①。——译注

② 关于此章,现可参阅 Ernst Fraenkel 著 "Das Sein und seine Modalitäten"《存在及其模态》,载于 Lexus(《语言哲学、语言史与概念探究的研究》),Johannes Lobmann 编辑,第 2 卷(1949),第 149 页及以下。——原注

根据限定的含义方向所做的变形。我们知道它们的语言学名称是：直陈现在式－过去式－完成式－命令式－分词－不定式。但长久以来，这都还只是一些人们用来指引如何机械地解析语言和确立规则的手段罢了。而恰恰就是在这个有某种对语言的源始关涉产生微微脉动之处，人们觉察到的竟是那纯机械性的语法形式的僵尸。语言和语言思考都已陷入这些僵死的形式中，就像陷进一架钢筋铁网之中一样。在我们看来，语法中的那些形式概念和名称，一旦成为书本上枯燥而又无精神内容的语言学说，就成了空洞的、完全未被理解与不可理解的套套框框。

　　如果学生们不去学这些，而是从他们的老师那里学一些日耳曼语的史前与早期历史，这无疑就对了。但是，如果我们做不到从内部和从根基出发来重塑校园的精神世界，也就是说，为学校营造一个精神的而非科学的氛围，那么，所有这一切马上就会陷入同样的沉闷无聊。因此，现在第一位要紧的事就是在对语言的关系上有一个实实在在的革命性翻转，而要做到这一点，我们就必须使教师转向，为此，大学又必须自我改变并把握住自己的任务，而不是去自我夸耀一些无关宏旨的鸡零狗碎事情。我们根本就不曾想过，所有那些我们早就了如指掌的东西可能会是另外一个样子；那些语法形式也并非永恒绝对地按这个样子来分解拆析、来规则规范语言，它们反倒是从对希腊、拉丁语言的一种经过完全规定的解释中产生出来的。而这一切所以发生的基础则又是：语言是某种存在者，有如其他存在者一样，它可能通过确定的方式被通达和界定。而这样的一种做法能否实行和有效，则显然有赖于在此起主导作用的对存在的基本看法。

对于语言本质的规定,哪怕只是对语言本质的追问,总已经是按照对存在者本质以及对这一本质之把捉的,业已成为正统的先入之见来规整自身。但是,本质和存在都在语言中说话。指出此项联系,现在很重要,因为我们正在反复打探"存在"这个词。如果在一开始我们就不可避免地要运用传统语法及其形式来对这个词作一番语法方面的刻画,那么在这种情况下,恰恰必须要有一个根本性的保留,即这些语法形式对那我们正在奋力争求的东西来说,是不足够的。我们将在对某个本质性的语法形式进行考察的进程中证实这一点。

但这一证实会立即消除一个假象,好像这里处理的还是对语法学做某种改善。相反,这里的关键是从存在本质与语言本质之间的本质性缠绕出发来使存在之本质从根本上敞开透亮出来。下面我们应当想到这一点,才不至于把语言与语法方面的考察曲解为一种空洞怪僻的游戏。我们发问"存在"这个语词的1.语法;2.词源。

1."是/存在"这个语词的语法

按照词形来说,"存在"到底是怎么样的一个词呢?与"存在"相应的语词是"行走","下落","做梦",等等。这些语词的形象看起来有点像"面包","房屋","草","事物"这些词汇。尽管如此,我们马上就会从前一组词中观察到一个差别,即我们似乎很容易将它们回溯到时态词[①](动词)"走","落到……上去",而这对后一组

---

① 在德语文法中,时态词(Zeitwort)指带有过去、现在、将来等时态变化的语词,主要包括动词、系词、助动词等等,一般指动词。——译注

词来说似乎是不允许的。虽然"房屋"一词有"居住"这个形式,如"他隐居林中"。但是,"行走"(走路)和"走"(动词)之间的语法关系,与"房屋"和"居住"之间的语法关系在含义上还是有差别的。另一方面,有些词的造形和第一组动名词("走"、"飞行")完全一致,但它们却有如"面包"、"房屋"一样的语词特性和含义。例如,"大使请吃了一顿饭";"他死于不治之症"。① 在这里我们完全不再关注其对一个动词的从属关系了。由一个动词变出一个名词,一个名字,而且,这还是通过穿越动词(时态词)的某个形式演变出来的,这个形式在拉丁文中称为 modus infinitivus〈不定式〉。

现在我们在"存在"这个词中也找到了同样的关系。这个名词回溯到不定式"sein"〈是/在〉,而这个不定式则有这些变形:du bist〈你是〉,er ist〈他是〉,wir waren〈我们曾是〉,ihr seid gewesen〈你们已经是〉。"存在"是从动词蜕变成名词的。因此人们说:"存在"这个词是一个"动名词"。有了这个语法形式,"存在"这个语词的言语特征就有了着落。我们在此不辞琐细,一一叙述出来的全是些耳熟能详而又不言自明的事情。可是我们最好还是要更慎重地说:这些语言语法区分都只是些陈词滥调而已,因为它们根本就非"不言自明"。所以,我们必须紧紧盯住那些在此成为问题的语法形式(动词,名词,动词的名词化,不定式,分词)。

显而易见,在熔铸"存在"这个词形时,"是/在"这个不定式贡献了关键性的先行形式。这个动词形式过渡为一个名词形式。这

---

① "Der Botschafter gab ein Essen."这里,Essen〈餐宴〉与动词 essen〈吃〉的意义不全相同。在"Er starb an einem unheilbaren Leiden"中,"Leiden"〈顽疾、病痛〉与动词 leiden〈受苦、受难、忍受〉也不尽相同。——译注

样一来,动词,不定式,名词就成了我们的语词"存在"赖以规定自身语词特性的三个语法形式。我们首先还应当从其含义方面来领会这三个语法形式。在上述三种形式中,动词和名词属于在西方语法产生时首先被认识到的形式,它们今天一般说也还作为语词和语言的基本形式来起作用。这样,我们就随着对名词和动词本质的追问而陷进了追问语言之本质的问题的中心。因为,究竟词的源始形式是名词性的语词(名词)①呢? 还是动词? 这一问题与发问究竟什么是言说与话语的源始性质的问题如出一辙,完全吻合。如果从语言的起源来看,后面这个问题同时包含有前一问题。在此我们还不能直接地进入这后一个问题的堂奥。我们必须投石问路,摸石头过河。让我们首先将我们的探究工作限制在那动名词的形成过程中构成过渡阶段的那个语法形式上,即限制在不定式(走,来,下落,唱,希望,是/在,等等)上面。

什么叫不定式? 这是全名为 modus infinitivus 的简称,说的是:无制限的、未确定的方式,也就是说,一个动词,一般说来在其展示与施行其含义内容和方向的样式上,尚无限制和尚不确定。

这个拉丁文名称和一切其他的语词一样,都源出于希腊语法学家们之手。在此我们又碰上偶尔在讨论φύσις这个词时提到过的翻译过程。在这里,我们不应当去细究语法学如何在希腊人那里出现,又如何被罗马人接过去,再如何流传到中世纪与近代的细节,我们知道这些进程的诸多细节。在全部西方精神的奠定和塑

---

①　按照一般词法的说法,das Nomen〈Substantivum〉〈名词性语词〉包括有名词、代词、形容词。——译注

形过程中有过极具奠基性作用的历事活动,但对此历事活动的真实的通贯透彻思考还不存在,甚至可以说,还缺乏任何为了这种思考而来的够劲儿的提问,这种思考有朝一日会躲也躲不掉,尽管此一整个过程,对于今天人们的兴趣来说,似乎是那般地僻远,毫不相干。

西方的语法学从希腊人对希腊语言的思考中源生化育而来,这样这一过程就被赋予了完整的意义。因为这一语言(就其思想的可能性而言)与德意志语言比肩并立,同样都是最强力的,且最富精神的语言。

首先有个事实犹待思考,即语词诸基本形式的标准划分(主词与动词,Nomen 与 Verbum)是从希腊文关于ὄνομα⟨名⟩与ῥῆμα⟨说话⟩的形态中整理出来并得到第一次建立的,而这一过程与以后在整个西方都成为标准的对存在的见解与解释有着最直接的和最内在的联系。在柏拉图的对话录《智者篇》中,这两个发生事件的内在契合以完整无缺且清澈无比的叙述方式展现在我们眼前。固然,ὄνομα和ῥῆμα这两个名称早在柏拉图以前就为人熟知,但在那时以及到柏拉图之时,这两个名称还被理解为适用于所有的语词。ὄνομα意指语言上的称谓,区别于所称谓的人或事,同时它也意指一个语词的说出,而这个意思,后来就在语法学上被把握为ῥῆμα。ῥῆμα的意思就是"讲话","说话";ῥήτωρ⟨说话人⟩就是"讲话者","演说者",这个"讲话者","演说者"不仅要用动词,还要用到ὀνόματα⟨名词⟩,即狭窄意义上的名词。

这两个名称源初时有着同样广阔的掌控范围,这一事实对于我们后面要指出的事情十分重要。我们要指出的是:那个在语言科学里讨论很多的问题,即究竟名词还是动词才表达了词的原形式这个问题,并不是个真问题。这个虚假问题只是在已然成形的语法学的视野中生长起来的,而不是从对语言的那根本就还未被语法肢解的本质的目光中生长出来的。

　　起初,ὄνομα〈名〉与ῥῆμα〈说话〉标示所有话语,后来,这两个名称的含义日渐狭窄,成为两个主要词类的名称。柏拉图在上述对话录(261e 及以下)中第一次对此划分作了解释并说明了理由。在此,柏拉图从对语词功能的一般性标示入手来进行这番工作。从广义上说,ὄνομα〈名〉就是 δήλωμα τῇ φωνῇ περὶ τὴν οὐσίαν〈通过发出音声展现本体〉:经由发声宣示而来的敞开,它关涉并处在存在者之存在的周遭领域。

　　πρᾶγμα〈实事〉和πρᾶξις〈实践〉在存在者领地上显出区别。前者是事情,是我们与之打交道的事情,是每时每刻攸关着的事情。后者是最宽泛意义上行动与作为〈Handeln und Tun〉,这里也包括ποίησις〈作诗〉。这些词都有着某种双重性(διττὸν γένος)。此双重情况是δήλωμα πράγματος〈实事之展现〉(ὄνομα〈名〉),事情的展开;和δήλωμα πράξεως〈行动之展现〉(ῥῆμα〈说话〉),行为的展开。凡出现πλέγμα〈交聚〉的地方,出现συμπλοχή(二者铸合)之处,就会出现λόγος ἐλάχιστός τε καὶ πρῶτος,即最简明,(同时)又是最初的(本真)道说。但只有亚里士多德才第一个在命题陈述的意义上对λόγος作出了更加清楚的形而上学解说。他区别了作为σημαντικόν ἄνευ χρόνου〈不带时间符号〉的ὄνομα〈名〉与作为προσσημαῖνον χρόνον〈有时态〉的ῥῆμα〈说话〉。(《解释篇》,第 2 - 4 章)。这些对λόγος〈逻各斯〉本质的看法都成了后来逻辑学和语法学得以形成的典范与标杆。尽管这些东西迅即沦为了学院教程,但这些玩意儿自己很明白要不断地将自身保持在一个颁布标准的地位上。上千年来,希腊文与拉丁文的语法教科书在西方一直是学院教科书。大家知道,那是两个绝非弱小的时代。

我们现在追问在拉丁文中称之为 infinifivus 的语词形式。这个用否定方式表达的 modus *in*finitivus verbi〈动词不定式〉已经指示着一个 modus finitus〈定式〉了,亦即对动词的意指有所限定和规定的方式。这种区分的希腊文原型是怎样的呢?罗马语法学家用 modus 这个死板的字眼来表达的东西,希腊人称为 ἔγκλισις〈变形〉,意思是向某一边偏离。这一个词和希腊人的另一个语法词在含义上遥相呼应。我们对这另一个词 πτῶσις〈变格〉的拉丁译名 casus 更熟悉一些,它意指名词变形意义上的情况。但初始时,πτῶσις是表示基本词形之变的任何样式(偏向,变格),并不只是名词之变,而且也包括动词之变。只是在更明白地制定出这些词形的区别之后,才用特定的名称去标明专属于它的变形。名词的变形叫作 πτῶσις(casus〈变格〉);动词的变形叫 ἔγκλισις(declinatio〈变形〉)①。

怎么恰恰是 πτῶσις〈变格〉和 ἔγκλισις〈变形〉这两个名称在考察语言及其变化时获得采用呢?语言显然也是一种存在着的东西,是在其他存在者之中的一种存在者。因此在把握与规定语言

_____

① 按一般德语语法的说法,动词变形包括变位和变态。变位是说动词随着不同的人称发生词形变化;变态是说动词随着主动、被动、直陈、虚拟等等不同句式发生语态变化。——译注

时,必须考虑希腊人究竟是怎样在其存在中领会存在者的。只有从此出发,我们才能理解诸如 modus 和 casus 这些名称,而我们却认为这些名称早已被摸透且毫无内容可言。

既然我们在此课程中不断地回顾希腊人对存在的看法,又因为这一希腊人对存在的看法其实已经完全被肤浅化了,而且此肤浅还未被人看出,直到今天它不仅是哲学学说中,也是西方占统治地位的看法,而且,它还浸透在日常生活中,所以,我们就要靠追溯希腊人对语言的考察,来标明希腊人对存在之看法的最初的基本特征。

我们有意选了这条道路。用一个语法学的例子是想指明,西方对语言的标准经验,看法和解释,都是以及如何是从一种对存在的完全确定的领会中生长起来的。

πτῶσις〈变格〉和 ἔγκλισις〈变形〉这两个名称的意思是下落,倾斜和偏向。这里有一种从笔直和立正站立姿势的偏离。但这个笔直的站立,它笔直向上来此－站立〈Da-stehen〉,出现,常驻而立,希腊人把它领会为存在。如此这般出现的东西,自身常驻（*ständig*）的东西,就因而会从自身出发自由而行,在其边界 πέρας 的必然性中搏击。这个边界根本不是什么从外界加给存在者的东西,更不是一种有害的制限这一意义上的匮乏。这个从边界那儿来自行抑制的驻留,常驻者留于其中的自己拥有,就是存在者的存在。正是这个存在者的存在才使存在者成为一个这样的与非存在者有别的存在者。于是,出现的意义就是:自获其界,设界。存在者的一个根本特性就是 τὸ τέλος〈完结〉,这不是目标之意,不是目的之意,而是完结之意。"完结"在此绝不可从否定意义来理解,仿佛某个东西再也不行了,没用了,行不通了。完结说的是完满意义上的完。正是凭借着边界和完结,存在者开始去存在。由此也就可以理解亚里士多德为存在而使用的那个最高的名称,ἐντ-ελέχεια〈实现〉,即自我驻持(葆真)在完结(边界)之中〈das Sich-in-der-Endung(Grenze)-halten(wahren)〉。后世的哲学(参考莱布尼茨)甚至生物学从"Entlechie"〈隐特来希〉这个名称出发所做的事情,都表明从希腊哲学的整个衰落。在其边界中实现其界的[①]自我置入者、如此站立者就具有了形态μορφή。这个希腊人所理解的形态的本质就是从绽放着地站进 - 边界中 - 立起来的〈aus dem aufgehenden Sich-in-die Grenze-her-stellen〉。

但从观察者的角度看来,这个在自身中亲临到此而站立的东西〈das In-sich-da-Stehende〉,就成了那自身表现者〈das Sich-dar-Stellende〉,它把自身在其外貌所显的东西中表露出来。希腊人把一件事物的外貌称为εἶδος〈样貌〉或ἰδέα〈理念〉。最初在εἶδος中,意思也大概是说:这事物有个面貌,它能让人看见,它立在那里。这事物"安坐着"。它安处于现象活动[②]中,这就是说,它安处于其

---

① 据英译者,这里的"ergrenzend"〈实现其界〉是海德格尔在后期版本中的更动,最初版本为"ergänzend"〈充满其界〉。——译注

② 在本书中,海德格尔严格区分 Erscheinung 和 Erscheinen。后者主要指以康德与休谟为代表的近代知识论中所使用的"意像"概念,而前者则是在存在论层面上,作为前者根基的"现象"概念。鉴于此,我们将 Erscheinen 一般译为"现象"或"现象活动",强调其呈现、显露出来的动态含义,其动词形式 erscheinen 译为"显现",das Ers-cheinende 译为"现象物";而将 Erscheinung 译为"现像",强调其表像、知识的含义。关于两者区别,可参见本书第 12 页关于 vorstellen/Vorstllung〈置前表像〉的译注以及海德格尔《存在与时间》第 7 节关于 Phänomen〈现象〉与 Erscheinung〈现像〉之间的著名区分。——译注

本质之显露中。那个现在让历来所有存在之规定奠基于其上并得以拢聚的东西，希腊人将之称为οὐσία〈在场〉，更完整一些地说，称为παρουσία〈在场〉，在这里，希腊人无疑经验到了存在的意义。人们习以为常地不加思考就把此词译为"Substanz"〈实体〉，从而也就丝毫未得其义理。我们为παρουσία这个希腊词找到了一个合适的德文词 Anwesen〈在场〉。我们也这样来命名一个自成一体的庭院和庄园。还在亚里士多德时代，οὐσία这个希腊词就同时用于此义，而且也用于表达哲学基本语词的那个含义。某物在场。它自立并如此自身表现。它在。"存在"归根到底是为希腊人说出了在场之境。

　　但是希腊哲学没有再返归到存在的根基上去，没有再返归到那曾隐藏此根基的地方上去，希腊哲学停留在在场者本身的前台纷呈上，它只求用已有的规定性来考察在场者本身。

　　综上所述，我们现在就可以领会希腊人很早以来关于存在的这种解释，这种解释我们最初在说明形而上学的名称时就已提到过，也就是说，对存在的闻讯①就是φύσις〈自然〉。我们也说过，必须彻底远离后世的那些"自然"概念。φύσις是指绽放着的卓然自立，是指在自身中驻留的自身展开。在这样的存在力道中，静与动就从原始的统一出发，既现又隐，乍闭又开。这个存在力道就是在运思中未被宰制而又起着主宰作用的在场，在此在场中，在场的那

---

　　①　"vernehmen"在德文中既指"听闻"，"闻悉"，又含有经由"讯问"，"审问"而得悉的意思。这里统合两义，译为"闻讯"。需注意，这里的"闻"乃"听闻"，"讯"不仅指得到的"讯息"，而且更经由"讯问"，甚至"审问"，"拷问"，"逼问"而得闻悉。关于此词，海德格尔在本书第4章有专门讨论，参见本书第105页以下讨论。——译注

个东西就作为存在者出场存在。但这一存在力道只有从遮蔽中才
会破门而出，这也就是说，当这样起的存在作用把自身作为一个世
界来奋争时，希腊文的 'Α λήθ εια〈去蔽〉就出现了。通过世界，存
在者才存在着。

赫拉克利特说（残篇 53）：πόλεμος πάντων μὲν πατήρ ἐστι,
πάντων δὲ βασιλεύς, καὶ τοὺς μὲν θεοὺς ἔδειξε τοὺς δὲ
ἀνθρώπους, τοὺς μὲν δούλους ἐποίησε τοὺς δὲ ἐλευθέρους.

对立争执是万物（在场者）的创制者（令之绽放开来），但（也）
是威临〈waltend〉万物的守护者。它使一些东西显现为神，另一些
东西显现为人，而对于人，它将有些制作（出来）成为奴隶，但使另
一些成为自由人。[①]

这里所命名的 πόλεμος〈战争、争执〉是一种先于一切神与人
的、起着威临作用的争斗〈Streit〉，它绝不是按照人的方式所进行
的战争〈Krieg〉。赫拉克利特心目中的这种斗争〈Kampf〉才首先
让起本质作用的东西在对抗中分离出来，让地位、身份与品级都摆
出来在场。在这样的分离中，鸿沟，差距，宽度与裂缝都开显出来
了。世界就在这般对立争执中生成。[这个对立争执根本既不分
拆统一，也不毁坏统一。它形成这个统一，它是采集（λόγος）。
Πόλεμος〈战争、争执〉和 λόγος〈逻各斯〉是同一回事。][②]

这里所指的斗争是源初的斗争；因为有了它，众斗争者才得以

首次作为斗争者出现。这个斗争并不单纯是针对现成物的攻击。唯有这一斗争才筹划出了并发展出了前所未闻者,从未道说者与从未思及者。这一斗争由创新家,诗人,思者,政治家们来承担。这些人用作品来抵御那威临一切的存在力道,并使由此而打开的世界沉迷进作品之中。正是凭借这些作品,存在的力道,φύσις,才来到在场者中站立。存在者现在才作为存在者存在着。世界的这般形成就是本真的历史。如此这般的斗争不仅出-现,而且唯有它才会把存在者保持在其常驻之中。凡此斗争中断之处,存在者并不因而消失,但世界却转身而去。存在者不再被主张[即存在者作为存在者不再被葆真]①。存在者此时只是被碰上的东西〈vor-gefunden〉,是成品〈Befund〉罢了。那已完满者就不再是那被敲打逼迫进入边界者[这就是说,不再是被置入其形态者]②,而只是个完事者〈Fertige〉。作为完事者,人尽可用。它是个现成者,在它身上不复有世界的世界化可言,相反,现在倒是人在随意支配和威临着这些可用之物。存在者成为对象,或许是观察的对象〈外观、图像〉,或许是制作的对象,成为制成品或算计。那源初的施行存在力道者〈Waltende〉,③即φύσις,此时降格为摹临与复制的样本。④ 自然现在成了一个特殊领域,它区别于艺术以及一切可制造与可规划之物。那施行存在力道者威临天下,它的源初性的绽

---

①　1953年德文版此处为圆括号。——译注
②　同上。
③　德文1953年版这句话的原文是:"das ursprünglich Weltende"〈那源初的使世界成为世界者〉,在后来的版本中,das Weltende 被改为 das Waltende。——译注
④　"Vorbild"又可按其字面意思译为"前像"。——译注

放开来的卓然自立，即φαίνεσθαι〈现象出来，自身显现〉，作为某个世界之显圣这般伟大意义上的现象，现在变成了现成事物之可视可见之景。那只眼，那种看，即那个曾通过源始地观入存在力道，透察出筹划活动，并在这种察看中制－作出作品的眼和看，现时就变成为单纯的观看、细看与呆看了。这个外观就还只是个光学的外观了。（叔本华的《世界之眼》——纯粹认识……）

　　然而，总还有存在者。乱七八糟的存在者比先前更喧闹、更夸张了，但那存在却离之而去。存在者被当成了无休无止、千变万化的折腾"对象"，而正因如此，存在者才被保持在其常驻的显象中。

　　当创新者们从民众中消隐，仅还被容忍作为怪物，作为装饰品，作为不懂生活的孤僻之人；当本真的斗争中断并转变为单纯的唇枪舌剑，转变为人对现成事物之利益追逐中的钩心斗角，机关算尽之际，也就是堕落的肇始之时。因为即使一个时代还想努力维持其亲在流传下来的水准与辉煌，水准已经下降。这样的水准唯有在每时每刻的创造性超逾中才能维系。

　　在希腊人那里，"存在"说的是双重意义上的常驻：

　　1）作为正在出－现者的〈Ent-stehendes〉自立（φύσις〈自然〉）

　　2）作为这样的自立却又"常驻"，也就是说，持留着，逗留（οὐσία〈在场〉）。

　　据此说来，不－存在〈nicht-sein〉指的就是从这样的在自身中出－现的常驻中走出来：ἐξίστασθαι〈诧异、惊讶〉即"生存"，而"生存活动"在希腊人那里恰恰指的就是：不－存在。人们在思想匮乏和斑驳消退之际才会将"生存"和"生存活动"用来标记存在，而此思想匮乏和斑驳消退则又重新说明对存在以及对关于存在的源初强有力且确定的解释之疏离。

Πτῶσις〈变格〉，ἔγκλισις〈变形〉说的是"下落"，"倾斜"，这无非就是：从所站立之常驻中走出而偏离。我们提的问题是，为什么当时考察语言偏偏用上了这两个名称。Πτῶσις——ἔγκλισις这两个词的含义在自身中就假设了一个正直而立的想法。我们曾说过，希腊人也把语言把握为存在者那样的东西，并因此将其意义把握为对存在的领会。存在着的东西就是那常驻的东西，就是如此这般地表现自身的东西，即现象物。这个现象物主要相对于"看"来自身显现。在某种宽泛意义上说，希腊人是从视觉出发来考察语言，亦即从书写出来的东西出发来考察。而在书写中，说出来的东西就驻停了。语言存在着，这就是说，语言站立在词的文字图像中，站立在文字字符中，站立在字母中，站立在γράμματα〈文字字符〉中。所以语法就表像出存在着的语言。与之相反，顺着言谈之流变，语言却进入了无持守状态。这样，直到如今，关于语言的学说就被从语法方面来解释。希腊人当时也知道语言的声调特质，即懂得φωνή〈声调〉。他们建立了修辞学和诗学。〔然而，此二者均没有从自身引申出相应的对语言的本质规定。〕

对语言的标准考察仍然是语法上的考察。语法的考察从诸语词及其形态中找出基本形态之偏离，和变形这样的东西。名词〈Substantiv〉的基本形态是第一格单数：例如ὁ κύκλος，"圆圈"。动词的基本形态是第一人称单数现在时直陈式：例如λέγω"我说"。反之，不定式是一种特殊的动词样式，是一ἔγκλισις〈变形〉。这是怎样一种样式呢？我们现在应当来规定它。最好让我们看一个例子。上面提到的λέγω〈我说〉的一种形式是λέξαιντο，"他们（这里涉及的是阳性复数）例如作为叛徒，可能被说到和被说出来了"。——例如作为叛徒。更确切地说，这个动词变形的关键就在于，这一形式将另一人称形式（第三人称）、另一数量（复数而非单数）、另一"语态"（被动而非主动）、另一时态（过去时而非现时）、另一狭义的语式（虚拟式而非直陈式）浮现出来。在λέξαιντο〈他们可能被说到了〉这一语词中所称谓者，与其说是那些所谓实际现成的东西，倒不如说是那些表现为可能存在着的东西。

变化的词形使得所有的这一切附加性地显露出来〈Vor-schein〉，并让这些显露出来的情况得到直接性的附加理解。让其它东西附加地显露，附加地产生，附加地看见，这恰是ἔγκλισις〈动词变形〉的能耐，在此，笔直站立的语词发生偏斜。因此这个ἔγκλισις叫作ἔγκλισις παρεμφατικός〈附加的动词变形〉。这个具有鲜明特征的希腊文语词παρεμφαίνω〈附加〉说得其实就是希腊人与作为常驻者的存在者的基本关系。

例如，在柏拉图对话录（《蒂迈欧篇》50e）中的一个重要场合可以找到这个语词。那里被追问的是变者变化成形的本质。"变成"指的是：来存在。柏拉图区分出三重含义：1) τὸ γιγνόμενον，变者；2) τὸ ἐν ᾧ γίγνεται，变者进到其中生变，中介，变者进入中介成形，然后发生变化，又从中出离；3) Τὸ ὅθεν ἀφομοιούμενον，变者从那里取得相同与否的标准；因为所有生变的变者，都预先拿其将要变成的东西作为样本。

为了弄明白παρεμφαίνω〈附加〉的含义，我们必须关注上述第2条中所说的话。某种东西在其中生变的那个东西，指的就是我们称之为"空间"的那个东西。希腊人没有用来指称"空间"的语词,这不是个偶然的现象。因为希腊人不是从 extensio〈广延〉出发来体验空间性的东西,而是从作为χώρα〈域〉的处所(τόπος)出发来体验的,这个χώρα的意思既不指处所,也不指空间,但它为来此站立者〈das Dastehende〉接纳和居有。处所属于事物自身。不同的事物各有各的处所。变易者就是在这一处所"空间"中摆置进来又摆置出去。而这一点要成为可能,"空间"就必须摆脱一切形式的外貌,无论这种形式是它从何处得来的。因为一旦"空间"与任何一种进入它的外貌方式相似,那么,当它承纳形态与之相反的或者全然别样的东西时,就会弄砸样本的实现,因为它这样做的同时也会把它自己的外貌附加性地浮现出来。Ἄμορφον ὂν ἐκείνων ἁπασῶν τῶν ἰδεῶν ὅσας μέλλοι δέχεσθαί ποθεν. ὅμοιον γὰρ ὂν τῶν ἐπεισιόντων τινὶ τὰ τῆς ἐναντίας τά τε τῆς παράπαν ἄλλης φύσεως ὁπότ' ἔλθοι δεχόμενον κακῶς ἂν ἀφομοιοῖ τὴν αὑτοῦ παρεμφαῖνον ὄψιν.[①]变化着的事物被摆进其中的这个地方,恰恰就不容许呈现出一种本己独特的外观和外貌。[引用《蒂迈欧篇》的段落,不仅是想说明这个παρεμφαῖνον〈附加〉与ὄν〈存在者〉二者之间的相互隶属,说明附加性现象与作为常驻的存在二者之间的相互隶属,而且同时也指出,从柏拉图哲学以来,也就是说从把存在解释为ἰδέα以来,已经在着手进行一种变形,这一变形将我们几乎就从未掌握过的处所(τόπος)及χώρα

---

① 柏拉图这段话现行的中译本译文为:"模式所压模于其上的材料就必须是无形式的,不具有任何它后来所接受的、所承载的形状;否则的话,它就不是合格的铸造材料。因为,如果它相似于任何形式,当相反的或全然不同的形式压印在其上时,它原有的形状就会造成妨碍而铸出一个坏件"参见《蒂迈欧篇》50d-50e,谢文郁译,上海人民出版社,2005 年,第34-35 页)。——译注

〈域〉的本质改变为用广延大小来规定的"空间"。难道说χώρα不能指从每一个特殊物那里来的出离者吗？难道它不能指那以这种方式正好包容异物、并为此异物"腾出位置"的退避者吗？]现在让我们回到已提过的λέξαιντο〈他们可能被说到过〉这个词形上来。它的作用就是使得诸意义指向中的一种ποικιλία〈变异〉浮现出来。因此它叫ἔγκλισις παρεμφατικός,（附加的动词变形），偏离，此偏离能够这样存在,即能够使人称、数量、时态、语态、语式附加地浮现出来。而这一附加地浮现的基础则又在于,只要让这个语词闪亮[①]（δηλοῦν）,此语词作为这样的一个语词就正在存在着。除了λέξαιντο之外,如果我们还提出λέγειν〈说话〉这个不定式的形式,那我们在此就还会发现相对于λέγω〈我说〉这个基本形式的另一种变形ἔγκλισις。但在这种变形那里,人称、数量、模式并不浮现出来。在此,ἔγκλισις以及它的意义所依赖的"浮现"显示出有某种不足,所以,这一语词形式就叫作ἔγκλισις ἀ-παρεμφατικός.〈不－附加的动词变形〉。这个否定性的名称是与拉丁文中的*in*finitivus〈不定式〉这个名称符合一致的。这个不定式形式的含义就不再着眼于上面提到的人称、数量等等来加以制限和剪裁。拉丁文用*in*-finitivus来翻译ἀ-παρεμφατικός〈不－附加〉,这一翻译不容小觑。源初的希腊文息息攸关于外观以及攸关那自身站立或自身偏斜东西的浮现,但这已经消失不见了。关键性的是留下了关于制限的单纯形式化的表像。

---

　　① 德文动词 scheinen 在此同时具有"闪耀"与"显似"两种含义。可参见本书第四章第2节"Sein und Schein"〈存在与显象〉的讨论。——译注

当然,恰恰在希腊文中,不定式也还分被动态与中动态,以及不定式的现在时,完成时与将来时,这样,不定式就至少呈现出语态与时态来了。这又导致了各种关于不定式的争论,我们在此也就不细究了。唯有一点,须得从这里出发来弄得更清楚一些。λέγειν道说,这个不定式的形式可以这样来被理解,即我们用它时不再想到语态与时态,而只考虑这个动词笼统意指什么与表现什么。就这方面来看,原始希腊文对实际情形的标明就做得特别好。在拉丁文名称的意义下,不定式就是这样一个语词形态,这个词形简直就将它所意指的东西同一切确定的意义关联切割开来。意义是从一切特殊关联中抽出来的(抽-离)。在此一抽象中,不定式只给出人们借此来进行一般意想的东西。因此,当今的语法学就有不定式乃"抽象的动词概念"这样的说法,它只是笼统而一般地理解与把握所意指的东西,它也就对这个一般所意指者进行命名。在我们的语言中,不定式说的就是动词的称谓形式。在不定式的语词形态与意义方式中有一亏欠,有一缺失。那个往往由动词公开出来的东西,不定式则不再将之浮现出来。

其实,从语言的语词形态的时间拓展和位序来看,不定式也是一个晚近的,并且是最近的结果。这一点从下一个希腊词的不定式身上可以看得出来,而正是这个希腊词的可疑问性引发了我们的讨论。"存在"在希腊文中叫εἶναι〈在〉。我们知道,一种标准化了的语言总是从源始地植根于泥土和植根于历史的方言之道说中演进而来。荷马的语言就是这样的一种各式方言的混合体,而这些方言保有着较早期的语言形式。在不定式的形成过程中,希腊的方言四分五裂,杂然纷呈,也正因如此,语言学研究将各种不定式间的差异视为主要标志,"以便把各种方言加以区分与组类"(参看 Wackernagel,《关于句法的教程》I,257 页以下)。

存在,在阿提卡方言中叫作 εἶναι,在阿卡狄亚的方言中叫作 ἧναι,在勒斯波斯岛方言中叫作 ἔμμεναι,在多里方言中叫作 ἧνεν。在拉丁文中,存在叫作 esse,在奥斯克方言中叫 ezum,在翁布尔方言中叫作 erom。在希腊和拉丁这两种语言中,modi finiti〈定式〉都已固定下来并具有共同性,而 ἔγκλισις ἀπαρεμφατικός〈不附加的动词变形〉却还保留其方言特点,不断变动着。我们注意到,这些情况就指示出不定式在整个语言中都有一种显著的意义。但仍然还有个问题保留着,即所提到的不定式形式的持续不变性究竟植根于何处? 在于它表现的是一种抽象出来的、后来的动词形式吗? 还是在于它称谓了那所有动词变形的基础? 另一方面,我们完全应该对不定式的词形多留点心,因为从语法学上来看,恰是这一语词形式,传达的动词意味最少。

即使假设我们重视我们惯常用来谈论"是/在"〈sein〉这一语词的形式,我们对这个处在此谈论中的词形也还不能说完全弄清楚了。我们说"das Sein"〈存在〉,这样的说法,就是通过将冠词摆在抽象不定式之前而将之改造成一个名词:τὸ εἶναι。这个冠词本来是一个指示代名词,它的意思是说,被指代的东西仿佛自己站立,是其所是。这一起指示作用与标示作用的称谓在语言中一直起着超乎其常的作用。我们如果仅仅只是说"sein"〈在/是〉,那么,所称谓者就仍然不够确定。然而,通过在语言中把不定式改造成动名词,那早已居于不定式中的空也就仿佛得到了落实;"是/在"就像一个确实的对象被做实了。"存在"这个名词就假定了这个所称谓者现在自己就"是/在"了。"存在"自身现在就变成正"是/在"着的东西，在这里，显然其实只有存在者在着，那个存在却没有了。假使在这里面，那个存在本身真的就是存在者身上的某种存在着的东西的话，那我们就必定会找得到它嘛，更何况说我们早已就－尽管我们对它的特殊形态在细节上还有待确切地把握－与存在者那里的存在者性照面相遇了。

如果"存在"这个语词形式注定就是要将一切清空，而且对这个空再做一种仿佛的落实，那么，我们现在还能对"存在"就是这样的一个空空如许的语词这件事感到惊奇吗？"存在"这个语词在向我们发出警告。我们切不可被灌了迷魂汤而误入某个动名词的最空洞形式中，我们也不可沉溺在那不定式"是/在"的抽象中。如果我们想要由语言出发，完全通行无阻地去"是/在"，我们就得把目光放在：我是，你是，他，她，它是，我们是，等等；以及我曾经是，我们曾经是，我们一直是，等等。但即使如此，我们对"是/在"在这里是什么以及它的本质何在这样的问题的理解，丝毫未变得更加清楚。实情刚刚相反！现在让我们来尝试一下吧！

我们说："我是"。任何人可以说这里意指的存在是说话人自己：我的存在。这个存在存于何处？在到何方？看来这必须是我们最早就清楚的东西，因为没有任何其他存在者像我们自己这样，靠得如此之近。所有其他的存在者都不是我们自身。即使我们自身不是或者不在了，所有其他的存在者都还曾经和还要"是/在"。看来我们对任何其他存在者都不能像对我们自身的这个存在者那样，靠得如此之近而存在。其实，我们连这样的话也都不能说，即我们如此近地、作为我们自己每每所是的存在者存在着，因为我们正就是这个东西自身。然而在此应该说：每个人对自己本身都是最远的，如此之远，就像这个"我"对于在"你是"〈Du bist〉中的那个"你"一样远。

但今天流行的是这个"我们"。现在是"我们时代"而非"我时代"。我们存在。在这句话中，我们命名的是什么样的存在呢？我们还说：窗户在，石头在。我们－在。在这个说法中，断定了一个复数的我之现成存在吗？还有，当说到"我曾经存在"、"我们曾经存在"，当说到过去的存在时，它们和那复数的我之现成存在又有何瓜葛呢？它与我们毫不相干吗？或者说，我们现在正是那曾经是/存在过的我们吗？难道我们将来并不仅仅就是那现在存在着/是的我们？

对"是/在"之被规定的动词形式的考察带来了对存在的澄清的反面作用。它简直引发了一个新的困难。我们可以把"sagen"〈说〉这个不定式和"ich sage"〈我说〉这个基本形式拿出来，将它们与"sein"〈是/在〉这个不定式以及与"ich bin"〈我是/在〉这个基本形式比较一下。在此，"sein"〈是/在〉和"bin"〈我是/在〉表现为按照词干而有区别的两个词，而这两个词又与过去形式中的"war"〈我曾是/在〉与"gewesen"〈是/在过了〉有区别。我们站在了追问"是/存在"这个语词的不同词干的问题之前。

2. "存在"这个语词的词源学

首先应该简略报告一下，关于"是/在"这个动词在其衍变中出现过的各种词干，语言学的研究都知道些什么。现在的相关知识绝非定论,这倒不是因为还有可能发现新的事实,而是因为那个自古到今为人们熟知的东西,犹待用全新的眼光和更真切的追问来彻查一番。"是/在"这个动词全部林林总总的衍生变化都是由三种分别不同的词干来规定的。

最先用来命名的两个词干属于印度－日耳曼语系,而且它们也在希腊文与拉丁文用作"是/在"的词中出现。

1)这个词最古老和真切的词干是"es",梵文为"asus",说的是生生,有生灵者,本己常驻者:那从其自身来,立于自身中,自行自息者。在梵文中,属于此处的还包括动词变形 esmi,esi,esti,as-mi。与此相应的希腊文是εἰμί,εἶναι,拉丁文是 esum 和 esse。拉丁文的 Sunt 与德文的 sind 和 sein 统统归属到这里。值得注意的是,在所有的印度－日耳曼系语言中,这个"它在"〈ἔστιν,est...〉从一开始就出现并贯穿始终。

2)另一个印度－日耳曼语的词干是 bhu,bheu。归属到它的希腊词是φύω,绽放开来,存在力道〈das Walten〉,从其自身来站立并驻留。迄今为止,这个 bhu 一直被按照通行的和外在的关于φύσις和φύειν的看法被赋予自然与"生长"的含义。希腊哲学肇始之初,伴随有一场争执,从这场争执中产生出的更为源始的解释将这个"生长"表明为绽放开来,这个绽放开来复又不断地通过在场与现象得到规定。后来,人们把φυ-这个词根与φα-,φαίνεσθαι〈光明〉联系到一起。于是,φύσις就是那绽放开来,进入到光明中去的东西,就是φύειν,光芒四射,闪亮,因而就是显现出来。(参阅《比较语言研究杂志》,第 59 卷。)

拉丁文中的完成式 fui,fuo 来自同一词干,我们德文中的"bin

〈我是〉","bist〈你是〉",我们"birn〈是〉",你们"birt〈是〉"（14世纪时消亡了）是同样的情况。与一直保持着的"bin"和"bist"一起的还有命令式"bis"（例如,"来做我的女人吧!"〈"bis mein Weib, sei-mein Weib."〉）,它甚至保持得更久远。

3）第三个词干是 wes,它只在"sein"这个德语动词的变化范围中出现;印度语是 vasami;日耳曼语是 wesan, wohnen〈居〉, ver-weilen〈停留〉, sich aufhalten〈居留〉;属于 ves 的还有:Ϝεστία, Ϝάστυ, Vesta, vestibulum。由此构成德语中的"gewesen"〈在过了〉;进一步说还有:was〈什么〉, war〈曾在〉, es west〈在起来〉, wesen〈在将起来〉"wesend〈在着〉"这个现在分词还保存在 an-wesend〈在场〉, ab-wesend〈不在场〉这两个词中。名词"Wesen"原本并不意指 Was-sein〈是什么〉这回事,不指 quidditas〈存在者性〉,而是指作为当今的存续,在场与不在场。这个"sens"在拉丁语的 prae-sens 与 ab-sens 中都已消失。难道"Dii con-sentes〈诸神同在〉"不意味着一道在－场的诸神吗?

从这三个词干中,我们获得了三种起初的直观确定的含义:生生,绽放开来,停留。关于语言的科学确证了这些。语言科学还确证了,这些起初的含义今天已消失了;保留下来就只还有一个有着"抽象"含义的"是/在"。然而,在这里有一个决定性的问题脱颖而出,即所说的三个词干如何并在何处取得一致?究竟是什么承载并引领了这个存在的传说?在所有这一切语言上的衍变之后,我们的关于这个存在的道说又归依于何处?这个道说与那对存在的领悟,是一而二,二而一的东西吗?在关于存在的这个传奇中,存在与存在者的区别又是如何在将起来的〈west〉?无论上面提到的语言科学的确证是怎样的有价值,不能仅仅到此就完事了,因为恰是在这些确证之后,发问必须才刚开始。

我们有一连串的问题要提出来:

1)在形成"是/在"这个词时,何种"抽象"是主要角色?

2)从根本上说,这里谈得上抽象吗?

3)究竟留剩下来的那个抽象的含义是什么?

4)在此展现出来的事情是:各种不同的含义,同时也就是各种不同的体验,汇聚成某一个动词的词形变化成分,但它们绝不是随便的任意一个动词的词形变化成分。我们难道只能把此种情形解释为据说有某些东西在这一过程中丧失了吗? 单纯的丧失绝不会产生任何东西,至少不会产生这样的东西,它在其统一的含义中将原本各自不同的东西整合与混合为一体。

5)什么样的主导性基本含义能够引出在此出现的混合?

6)什么样的含义指向在这一混合的斑驳消隐中贯穿始终?

7)难道说,恰恰对于"是/在"这个词的内在语词史,我们一定不可以像通常进行的研究那样,将之同其他任何的语词放在一起,对它们进行语源研究之后再得出它吗? 特别是如果我们细想一下,这些词干的含义(生生,绽放开来,居住),在攀谈、命名、道说之际,岂不已经不再去揭露那可说之物范围内的随意个别细节了吗?

8)如果存在的意义在我们看来只是根据逻辑的和语法的指点而来"抽象",因而是引申出来的东西,那么,它还能够是自身完满而源始的吗?

9)这东西可以从足够源始把握的语言的本质出发来显现一下吗?

"究竟为什么存在者存在而无反倒不在?"我们问的这个问题就是形而上学的基本问题。在这个基本问题中已经回荡着一个先行－问题:存在所处的情形是怎样的?

我们讲"是／在"〈sein〉,"存在"〈das Sein〉这些词时,意思指的是什么? 当我们试图作答时,马上就陷入窘境。我们把握到把握不了的东西中去了。可我们还继续被存在者纠缠着,和存在者发生关联,同时明白我们自身就是"存在者"。

对我们来说,"存在"就只还是个读音,一个用滥的名称罢了。如果这就是我们仅还剩下的东西,那我们至少必须尝试来把捉这点最后的财富。因此我们发问:"存在"这个语词所处的情形如何?

我们从两条道路来回答这个问题,一条引向语法学,另一条则引向语源学。现在我们来总结一下对"存在"这个词的两方面探究的结果。

1)对此词形的语法学考察的结果是:在不定式中,此语词的诸确定含义都不再有效了,它们变得斑驳迷离,渐远渐隐。其名词化过程则使这种斑驳渐隐得到彻底的强化而且使之成为对象。此词就变成一个名号,指称着某种不确定的东西。

2)对此词含义的语源学考察的结果是:我们迄今和很久以来就用"存在"来指称命名的东西,就其含义来说,是某种由三种不同的词干含义来互相调整平衡的混合。三种含义中任何一种也不能单独冒出来,从而确定此一名称的含义。这种混合与那种斑驳渐隐交叉相遇。在这两个过程的交合中,我们也就为那个事实找到了某种充分的解释,而这个我们所从之出发的事实就是:"存在"这个词空空如许,并有着飘忽不定的含义。

Ⅲ. 发问存在的本质

我们已经在着手考察"是/在"这个词,以求吃透在这一言谈中的事实,并从而将此事实摆到其所归属的地方上去。我们不愿像对待有阿狗阿猫那样的事实一样,盲目地接受这一事实。我们要赢得对此一事实本身的一种姿态。我们甘冒风险这样去做,因为这种"执意"给人以冥顽不化的印象,活像一种愤世嫉俗的遗世子立,把怪异与不实的东西视为是现实的,而且还一直沉溺于单纯的咬文嚼字,不能自拔。我们要的是参透这一事实。我们尝试的结果表明,语言在语言发展进程中形成了诸如"是/在"〈sein〉这样的"不定式",而语言,随着时间的推移,又使得这个词的意义经由磨蚀而含混不清。在此的"所是"〈ist〉就是一例。我们没有参透这个事实,相反却附带性地或者说在其中将语言史上的另一事实摆出来了。

如果我们现在依据语言学史的这些事实重新开始和追问,为什么这些事实,像其所是的那样,是这般的一种情形呢? 那么,我们或许刚刚还能引证为解释根据的东西,现在却变得不是更明亮,而是更晦暗了。如果情形就是在"存在"这个词那里的情况,那么,此一事实恰恰就是在其无可辩驳的事实性中变得僵硬起来的。然而这样的情况很早就出现了。哲学中通行的办法是,从一开始就说，"存在"这个词有着最空洞，因而也就有着统括一切的含义。从此词身上想到的东西，即概念，因而就是最高的类概念，即 genus〈类〉。人们固然可以如古代本体论所说，直指这个"ens in genere〈普遍的东西〉"，但同样确定无疑的是，人们在此找不到任何东西。想要把形而上学之性命攸关的问题牵系到此一空空如许的语词"存在/是"上去，这就叫作将一切抛入迷惘。在此剩下的就只有一种可能性，那就是承认上述空名的事实，并置之不理，任其自然。让我们现在好像此事实已由语言史从历史线索上说清楚了一样，索性心安理得罢了。

那么，离开"存在/是"这个语词的空洞图式吧！可又到什么地方去呢？回答并不难。我们充其量会惊讶我们竟然在"存在/是"这个词处耽搁得这么长久和如此费心。离开"存在/是"这个空洞而普遍的语词，奔向存在者自身的个别领域之特殊境况去吧！若要这样做，马上就会有很多玩意儿可供我们调遣。随手可及的事物，所有在我们身边可供上手的器皿、工具、车辆等等。如果对我们来说这样的特定存在者太稀松平常了，般配不上"形而上学"，不够高雅，不够味儿，那我们可以去找我们周围的大自然：大地，海洋，山脉，河流，森林；还可以去找这其中的个别景物：树，鸟与虫，杂草与石头。如果我们把目光投向浩大的存在者，那么地球就在我们身边。以同样的方式存在着的有像近处的山弯；山后升起的月亮或某颗行星。存在着的还有在热闹大街上熙熙攘攘、你来我往的人群。我们自己也存在着，日本人存在着，巴赫的赋格曲存在着，斯特拉斯堡大教堂存在着，荷尔德林的颂歌存在着。罪犯存在着，存在着的还有精神病院里的精神病人。

　　存在者到处都是,而且随你高兴怎么找总有存在者,这确凿无疑。然而,我们究竟从哪里知道,我们这样有把握地提出、列举的这一切,每一个都是存在者呢? 此一发问听起来有点傻乎乎的,因为我们的确可以毫无欺诈地向每一个正常人证明这个存在者存在着嘛! 这是理所当然的事情[我们在此也不一定要使用"存在者"和"这个存在者"这样在口语中有点怪怪的词汇]。现在我们也不想去怀疑,究竟所有这样的存在者是否存在着? 因为我们要怀疑的话,也是以下面据说是科学的论断为依据的:我们在这里所经验的东西只是我们的感觉,而我们又摆脱不了上述这一切始终与之有关涉的肉体。当然,我们想事先声明的是,这样的一些考虑其实完完全全地是非批判的,但它们居然轻而易举地就被赋予了一个最高级批判和深思熟虑的声誉。

　　而今我们就让存在者如此这般地去存在吧,无论是在日常的生活中,还是在伟大的时刻,一任它簇拥着我们,纠缠着我们,让我们激励奋发,对我们抑制打压。我们让一切存在者如其所是地存在着。但如果我们听任自然,不假思索地持存在我们的历史性亲－在的长河中,如果我们让每一个存在者都成为是其所是的存在者,那么,我们在做所有这一切的同时就必须已经知道了什么叫"所是"⟨ist⟩与"是/在"⟨sein⟩。

　　但是,如果我们不能预先清楚地划分存在与不存在,我们又怎样会断定出一个大概在某个地方与某个时候的存在者其实不存在呢? 如果我们并不笃定和确实地知道在此被划分的不存在与存在本身意指什么的话,我们又该怎样来进行这个有决定作用的划分呢? 如果我们未事先领会了"存在"与"不存在",一个存在者如何该会对我们而言就是那每每总是的存在者呢？

现在我们经常和存在者遭遇。我们从存在者的如此存在与异样存在〈So- und Anderssein〉来划分存在者,来判断存在与不存在。由此我们清楚地知道,什么叫"存在"。有人断言说,这个词空洞而不确定,但这种断言看来只是一种肤浅的讲法和一个谬论而已。

这样一番思虑就让我们陷入一个非常矛盾冲突的境地。最初我们已经确定,"存在/是"这个语词并无告诉我们任何确定的东西。我们并未对此唠唠叨叨地抓住不放,而是在当时即发现而且现在也还发现:"存在/是"有一种飘忽而不定的含义。但另一方面,迄今进行的考察却使我们信服,我们对"存在"与不存在有着一个清楚而又确实的区分。

要想使我们找到出路,必须注意下列情况:我们虽然可以怀疑,在某时某地某个个别的存在者究竟存在还是不存在？我们可能自己都糊里糊涂地弄错了,例如那里的那扇作为一个存在者的窗户,究竟是关着呢,还是自身就不存在？但是,哪怕只是为了能够怀疑这事,存在与不存在之间的确定分别都必须要事先浮现。在这种情况下,我们对存在与不存在有区别这回事绝不会怀疑。

"存在/是"这个语词因此在含义上是不确定的,而我们同时又要将它理解为确定的。"存在"表明自身为一作为极度确定的完全不确定者。按照惯常的逻辑,这里就出现了一个再明白不过的矛盾。但自相矛盾的东西不能存在。绝没有四方形的圆。然而却有着这样的矛盾:这存在是作为确定者的完全不确定者。如果我们不想欺骗自己,如果我们在成天的庸庸碌碌中抽时间看上一眼,我们就会发现自己处在这一矛盾之中。我们的这一处境是如此的现实，没有其他什么东西，无论我们如何称呼它们，要比这东西更加现实，它要比阿猫阿狗，比汽车和报纸更加现实。

对我们而言，存在就是一空洞的语词，但这一事实忽然就获得了完全不同的面貌。我们最终变得不再相信先前所主张的此词为空洞的说法。如果我们对这个语词做更进一步的思索，那么，最终就会很清楚：此词的含义经过一切模糊、混杂与一般化的折腾之后，我们还是借此意指某种确定者。此一确定者是如此的确定而且独一无二，以至于我们甚至必须要说：

这个随便任何一个存在者都对它有份儿的存在，这个将自己如此散落在最常用事物中的存在，却是那天下的最独一无二者。

其他的一切别的事物，所有的与任何的一个存在者，即使它是唯一的东西时，它也还是可以和其他事物进行比较的。经过这些有着多种可能性的比较，此一事物就生出了它的可规定性，它就立足在这种处于多重不可规定性之中的可规定性之上。而存在则相反，它一向不能和任何东西比较。别的事物对它来说都只是无。在此没有什么可作比较。如果存在如此这般地就描画出了最独一无二的与最具规定性的东西，那么，"是/在"这个语词也就可能不是一直那么空空如许了。这语词真正说来也绝不空洞。通过进行某种比较，我们会很容易地让自己信服这一点。当我们接受到"是/在"这个词时，无论是作为发音音节听到它，还是作为文字图像看到它，总之都会马上觉得它和"abrakadabra"的发声序列与字母序列完全不一样。上面这句胡话固然也是一个发声序列，但我们在此立刻要说，它不知所云，毫无意义可言，即便它作为符咒有其意义也不相干。反之,以这样的方式出现的"是/在"则不是毫无意义的。"是/在"在被写出来与被看到时不是毫无意义的,它马上就和"kzomil"不一样。"kzomil"这一字形固然也是一个字母序列,但却是我们在读它时不能做任何思考的字母序列。根本就没有空洞的语词,有的只是某种用滥了的、但却依旧意义满满的语词。"存在"这个名称保留着它的命名力量。所谓"离开'存在'这一空词语词,去到特殊的存在者那里去!",这一指示不仅轻率仓促,而且极有问题。让我们通过一个例子来再思考一下这些吧,当然,这个例子和我们围绕着问题所列举的所有例子一样,绝无可能将其范围内的整个事实情况解释清楚,因此,它一直会有一些保留。

出于举例的缘故,我们不提"存在"这个普遍性概念而提"树"这个普遍表像。如果我们现在要说一说什么会是树的本质并且为之划定范围,那我们就离开了一般表像而转向特殊品类的树和这些品类中的个体实例。此一作法是这样地不言而喻,我们几乎都不好意思将之专门提出来说。然而事情并非如此简单。究竟我们怎么会看出列出来的这许许多多的特殊事物,一棵棵个别的树就是树这样的东西呢?除非我们对树究竟是什么的表像早已是心中有数了,否则我们怎么会能够哪怕只是去寻找树这样的东西呢?如果说"树"这个普遍表像果真是这样的完全不确定且含糊不清,结果导致我们在寻找与发现中竟得不到任何可靠的指示,那就可能出现这样的情况,即我们就会不是把树,而是把汽车或者兔子当作确定的特殊物,当作树的样本了。为了更进一步地对"树"之本质的本质多样性进行规定,我们必须要全程透析这个特殊物,如果这样做正确的话,那么下列做法至少也同样是正确的,即只有当我们越源始地设想与知道"树"的普遍本质,这里说的是"植物"的本质,而这又是在说"生命物"与"生命"本质,对本质多样性以及本质的澄清工作才得以开始和提高。纵然我们可以遍寻成千上万的树木,但如果在此过程中,有关树的不断开展的知识并没有向我们先行澄照出来,也没有从自身和从树的本质根基处来的显而易见的自身规定性,那么,这一切就都还停留在某种徒具虚荣的冒险之中,在这里,我们面对着沙沙作响的一棵棵树木,但却看不见树。

但这里谈的是"存在"的普遍意义,有人恰恰可能会这样来回答,因为"存在"的普遍含义就是最普遍的了,所以,从这一含义出发,表像活动就不可能再提升到更高级别了。如果我们想要在最高阶的与最普遍的概念那里克服空洞,那么,去指定那些在它"之下"的东西,就不仅是值得举荐的,而且也是唯一的出路。

无论此一想法看上去如何有分量,但却是不真实的。我们可以提出两条理由:

1)存在的普遍性是否就是属这样的普遍性,这根本就是成问题的。亚里士多德已经觉察到这一问题。由此看来,究竟个别的存在者是否总能成为存在的样例,就像橡树是"一般的树"的样例那样,这始终是成问题的。存在的诸方式(存在作为自然,存在作为历史)是否表现为"存在"这个类的"品种",这也是成问题的。

2)"存在"这个词虽然是一个普遍的名称,而且好像是许多语词中的一个。但是此一"好像"里面有猫腻。这个名称及其所指称者是独一无二的。因此,任何通过例子来进行的阐明活动在根本上都会适得其反;而且恰恰从这个角度来说,在此一情况下,每一

个例子所说明的不是太多,而总是太少。上文已经提请注意此一
必要性,即我们要能够找到与发现树这个种类中的以及一棵棵树
本身那里的特殊物,我们必须预先已经知道"树"是什么。如果情
况是这样的话,那么这种说法对于存在而言就更加是决定性的了。
我们已经对"存在"这个词有领会,此一必要性是最高的和无与伦
比的。因此,从关涉一切存在者的"存在"之"普遍性"中得不出这
样的结论,即我们要尽可能快地摆脱这个普遍性,转向特殊事物;
恰恰相反,我们要在此坚守并对此一名称及其命名活动的独一无
二性了然在心。

对我们而言,"存在"这个语词的含义始终是一团不确定的迷
雾。与这一事实相反的另一事实是,我们在另一方面又对存在有
所领会,并把它与不存在确实区别开来。这后一个事实不仅是另
外的第二个事实,而且这两个事实合而为一。现在这个合一对我
们来说,根本就丧失掉了事实的品格。我们绝不会在众多的其他
的现成物中发现这个合一也是现成的。相反,我们预感到,在我们
迄今抓住的那仅仅像是一个事实的东西中,某个事情出现了,而这
事情的发生则以出脱于一切以往其他"事件"之序列的方式进行。

可是,在我们进一步努力去把那在上述事实中出现的事情的
真实情况摸索出来之前,我们再一次而且也是最后一次地尝试着
把它作为某种熟知的和随意的东西来对待。让我们来假定,这一
事实根本就没有。假设根本就没有什么存在的不确定的含义,我
们也不领会这含义是什么意思,那情况会怎样呢?那就会是在我
们的语言中仅仅少了一个名词和一个谓词吗?不是。那就根本不
会有任何语言了。也根本不会出现存在者作为如此这般的存在者

在语词中展现出来这回事,它也不可能被说及和谈及。因为将存在者作为如此这般的存在者去说,就在自身中包含有对存在者之为存在者,即对它的存在的事先领会。倘若我们根本就不领会这存在,再倘若"存在"这个语词从不曾有过那种飘忽不定的含义,那恰恰就根本不会有任何单个的语词。这样,我们自己也根本不可能成为一众正开口说话者〈Sagende〉,我们也可能根本就不是我们所正是的那个东西了。因为,人的存在就叫:是一个正开口说话者。正因为人在他的本质根基处是一说话者〈Sager〉,而且是那说话者,它才是一个说"是"和"否"的说话者。这既是人的荣耀,同时也是他的不幸。这使得人与石头,植物,动物分别开来,也使它和诸神得以区别。我们纵然有千眼千耳,乃至千手以及众多的其他的感官和器官,但假若我们的本质存在并不立足于语言之强力的话,那么,所有的存在者都会对我们隔膜封闭:不仅我们自身不是的存在者会对我们隔膜封闭,就是我们自身所是的存在者也同样如此。

　　如果我们回顾一下迄今为止的讨论,下面的情况就会变得清晰起来:首先我们将存在对我们而言仅仅是一有着漂浮不定之含义的空洞语词这回事[它暂且无名]设定为一事实,但当我们这样做的时候,我们就已经贬低了它,并因此而取消了它原本具有的地位。相反对我们的亲在来说,尽管对存在的领会尚且还是不确定的,但这有着最高的位阶,因为在这里呈现出一种我们之亲在的本质可能性根本上就建基于其中的强力。假如我们的亲在总是一个历史的亲在,而我们对此又一直耿耿在心,那么,对存在之领会这回事就不是众多事实中的一个事实,而是说按其位阶,它要求最高的尊荣。甚至于即便我们想要亲在停留在一个随便是什么都无所谓的存在者状态上，我们也还必须要领会这个存在。若无这样的领会，我们就连对我们的亲在说一声"不"都不可能做到。

只有当我们完全尊重存在之领会的这一优先地位，我们才会保有它的位阶。那我们能以怎样的方式尊重此一位阶，让其保持尊荣呢？这可不是我们能随心所欲的事情。

因为对存在的领会首先而且大多漂浮在一种不确定的含义中，但我们却又一直可靠而确定地知道它；还因为对存在的领会，在其所有的位阶上，都晦暗不清、蔽障重重，所以，必须使之澄明照亮，摆脱迷障。怎样才能做到这一点呢？我们最初仅仅把对存在的领会视为一个事实，但唯有当我们为了将之置于疑问中而对存在之领会反复加以追问之际，这才有可能发生。

我们的亲在从最高级别上把那要尊重的东西保持在强力中，而追问就是对其尊重的唯一真切与正确的方式。因此，我们的这种对存在的领会，尤其是这个存在自身就成了一切追问中最值得追问的东西。我们越是直接地和不懈地坚持在最值得追问者处，我们就追问得越真切，而在这个最值得追问者处，存在对我们来说，一方面还完全是未经规定的，但另一方面却又是具有最高规定性的已领会物。

我们领会"存在"这个语词，从而也领会它的一切变异，不过从外表看来，此一领会好像始终是不确定似的。我们领会这样一个玩意儿，在此领会中，它毕竟以某种方式向我们敞开了，于是我们就说：它有一种意义。只要这个存在总之是被领会了，这个存在就有了意义。将这个存在作为最值得追问者来经验并把握，专门对此存在进行反复地追问,这就不折不扣地叫作:追问存在的意义。

在《存在与时间》中,对存在意义的追问第一次在哲学史上特别地被作为问题提出来并得到展开,在那里曾详细地论述了什么叫意义[即指的是存在的敞开状态,而不仅仅指存在者本身的敞开状态。参见《存在与时间》第 32,44,65 节。]

为什么我们不再可以把现在所指称的东西称为是一个事实呢? 这种将之称为事实为何从一开始就已经走入迷途了呢? 因为在我们的亲在中,我们领会存在这回事情,不仅和我们有着如此这般长着的耳垂这回事情一样在那儿出现。除了耳垂之外,其他任何不同的构形也可能构成听觉器官的一部分。我们领会存在。这回事情不仅现实,而且必然。倘若没有存在的如此敞开,我们就根本不可能是"人"。我们存在,这固然不是件绝对必然的事情。完全有人类根本就不存在这样的可能性。也确实曾有过一个时期,人并不存在。但严格讲来,我们不能说有过一段人在其中不曾存在的时间。人曾经、现在而且将在任一时间中存在,因为时间只在人存在的情况下才成之为时间的。绝没有一种人从不曾在其中的时间,所以如此,并不因为人从恒久而来,又往永恒而去,而是因为时间不恒久,时间总只是在作为人的历史亲在的某个时间中才成之为时间。但是,如果人处于亲在中,那么人能亲临－到此〈dasein〉的一个必需条件就是:它领会存在。只要这样的领会在是必需的,那么人也就是在历史中的现实地存在着。于是我们领会存在,然却不是像它最初看起来好像是的那样,只从浮动着的词义去领会它。我们在确定性中来领会那不确定的含义,这种确定性反倒是有清晰的划界,而且不是事后的划界。相反,它被界定为在我们不知情的情况下从根本上进行着支配的东西。为了表明这一点,我们还得从"存在/是"这个语词出发。但在此我们不该忘记,我们是依照开始时所提出的形而上学之主导问题来使用这一语词的,而且使用得这般广阔,以至于这个语词只有在无之处才找得到它的边界。任何事物,只要不绝对地是无,就都存在,甚至无,对我们而言,也"隶属于""存在"。

我们在前面的思考中已经迈出了一个决定性的步骤。而在一门课中,所有的一切都会取决于这一步骤。在这门课上对我的一些当场提问就一再暴露出,听课的人多半听错了方向,而且总是拘泥在一些个别细节上面。诚然,在某些个学科的讲课中,连贯性极重要。但对于这些学科来说,这种联贯无论如何总是直接由事先给定的学科对象来规定的。而对哲学来说来情况恰恰相反,不仅没有什么对象摆在前面,而是说哲学根本就没有对象。哲学是一种事件之发生,这种事件之发生在任何时候都势必要[在其所属有的敞开之境中]①翻新它的存在。哲学的真理只有在这种历事活动中才会敞开出来。因此,在历事活动中跟上和参与具体个别的步骤在这里就成了决定性的事情。

我们已经采取了什么样的步骤?有哪些步骤是我们需要不断地重复进行的?

我们首先把下述的情况作为一种事实带入眼帘,即"存在/是"这个语词有着漂浮不定的含义,几乎就像是一个空洞的词。对这一事实的更仔细地讨论让我们得出了关于词义漂浮的解释在于:

① 1953 年德文版此处为圆括号。——译注

1)不定式本来具有的模糊不清;2)所有三种源初的词根含义所集成的模糊不清。

　　然后,我们就把经过如此解释的事实刻画为形而上学对"存在"的所有传统追问的不可动摇的出发点。形而上学从存在者出发又归结到这个存在者上去,而不是从存在出发进入到其敞开之境的可问之处去。因为"存在"的含义与概念都具有最高的普遍性,"形而－上学"〈Meta-physik〉作为要做更进一步规定的"形物之学"〈Physik〉就再也不能在层次上更高更上了。于是它只有这条路可走,即撇开普遍者而走向特殊的存在者。这样一来,"存在"概念的空洞就被填满了,即由存在者来填满。然而,"撇开存在而走到特殊的存在者那里去"这一说法却显示出,它嘲弄了自己却还不晓得是怎么回事。

　　因为只有当我们而且每每总是在我们从一开始就已经从存在的本质方面对之进行领会之后,那个经由多方呼唤而来的特殊的存在者才可能作为一个如此这般的存在者对我们敞开出来。

　　这一本质已经自我澄明,但还停留在未经发问之处。

　　现在让我们来回顾开头提出的问题:"存在/是"只是一个空洞的语词吗? 或者说存在和对存在问题的追问是西方精神性历史的命运?

　　难道说存在只是某种正在蒸发着的实在的最后一缕烟云吗? 面对于此,难道唯一可行之事就是让它完全蒸发为无关痛痒、可有可无之事吗? 抑或说,存在就是那最值得追问之物呢?

　　这样追问着,我们就迈出了那决定性的步伐,我们就从一个无关痛痒的事实,从"存在/是"语词所假定的空洞含义进入到那最值得追问的事件之发生中,而这样做的结果就是:存在必然地敞开在我们的领会中。

那个形而上学所盲然依赖的、似乎不可动摇的单纯事实,现在动摇了。

迄今为止,我们试图在对存在的追问中,尤其按照词形和含义来把握这个语词。现在摆明了:追问存在的问题绝不是什么语法学和语源学的事情。但如果我们现在仍然还是从语词出发,那么,它在这里就一定和语言有瓜葛,而且完全是某种独特的瓜葛。

语言、语词通常都被认为是对生活经历之事后的与附加进行的表达。一旦在这些生活经历中有某些事物和情况被经历到了,语言也就会间接地表达出来,仿佛就像是对已经历的存在者的复述。例如"钟"这个语词就可以有为人所熟知的三重分际:1)可听到与可看见的词形;2)人们借此而在根本上可表像之物的含义;3)这个事物,即一座钟,这座个别的钟。在此区分中,第1项是第2项的标记,而第2项是第3项的指引。这样,我们大概也就可以"存在/是"这个语词那里区分出词形,词义和事物三者。很容易看出,如果我们仅仅还停留在词形及含义时,我们对存在的追问就还没有达到事物那里。如果我们竟然以为,单纯通过对语词与词义的讨论就可以把握事物与事物的本质,在此说的也就是把握存在,那么,这就会是一个再明显不过的错误。我们切不可迷溺于此种错误;因为我们的做法就会无异于这样行事,即根本就不进行必要的物理实验,而只用从语法上去讨论一下"原子"和"以太"这些语词,由此就来研究与确定以太和物质的运动过程和原子轨迹。

不管"存在/是"这个语词的含义可能是不确定还是确定,或者就像显明出来的那样,二者兼而有之,我们应该做的事情是,超出对含义的依赖,走向事物。但"存在/是"是一个像座钟,房屋或者竟是像任意一个存在者般的事物吗? 我们已经常常触及这个问题,而且在此碰到了足够多的钉子,存在绝不是什么存在者,也不是存在者的组成部分。那边的那座大厦的存在不是什么另一个东西,也不是从像顶楼和地下室那类的东西组合而来的。因此,没有任何事物会与"存在/是"这个语词及其含义相符相合。

但我们不能由此就得出结论,存在仅仅在于语词及其含义。词义作为含义也造不出存在的本质。如果我们要这样认为,那就等于说,存在者的存在,例如上面讲的大厦的存在,就在于某种词义中。这种想法的荒谬是显而易见的。恰恰相反,我们倒是在"存在/是"这个语词中,在其含义中并通过这个含义,指认存在本身;不过,如果我们把任何一种存在者都领会为事物的话,那么,没有任何事物是存在本身。

这样,我们的结论就是:在语词"存在/是"那里,在它的诸变形以及在其语词范围所涵括的一切林林总总那里,语词和含义最终就与其所意指的东西在某种更加源初的状态上根蔓交织,血肉相连,反之亦然。存在自身是在一种完全不同而且更加根本的意义上和这个语词命运攸关,而任何一个存在者都没有此情况。

"存在/是"这个语词,在其每一变形中与其所道说的存在自身发生关联的情况,都与语言中的所有其他名词、动词与其所述说的存在者发生关联的情况,有着根本性的不同。

由此我们可以返回去得出结论,关于"存在/是"这个语词的所进行的讨论,与其他涉及任一事物之词语用法的通常性鸿篇冗论相比,重要性截然不同。如果目前在"存在/是"这个词这里,语词、含义与存在自身之间还有着一种原始独特的关联,缺位的似乎是事物,那么,我们就不可以另一方面却还以为,只消标画出词义,存在自身的本质就似乎已经可以脱颖而出了。

存在问题与对存在语词的追问始终紧密相连,这具有独特性。在对此独特情况经过一番中场考察之后,让我们重启我们的追问历程。需要指明的是,我们的存在领会有一种独特的规定性以及在什么程度上有这种规定性,它有着自己的从存在而来的契合性指引。我们无论如何总要以及在根本上要以某种方式去对存在进行某种道说,如果我们现在开始做这件事情,那我们就得试着去注意那在此道说中所说出的存在自身。我们选的是一种简单而又常用,而且几乎是随口而出的道说。在这一过程中存在就以某种语词形式被说出,而这种语词形式在使用中变化万千,使我们几乎对之视若无睹。

我们说:"上帝在","有地球","大厅里有讲演"。"这个男人是从斯瓦本地区来的","这个杯子是银质的"。"农夫在地里","这本书是我的","他就是个死人","红色是左舷"[①],"俄国在闹饥荒","敌人在退却","葡萄根瘤蚜虫在葡萄园里肆虐","狗在花园里",

---

① 按照一般国际海上规则的规定,船只夜间航行时必须使用规定颜色的航行灯,例如左舷是红灯,右舷是绿灯,桅杆与舰艉是白色灯。——译注

"群峰之巅/是静"。①

每一个例子中的这个"是/在/有……",意思都不相同。我们可以很容易地证明这一点,特别是如果我们按照实际出现的情况来说这个"是/在/有",这也就是说,随时从某个特定的境况,任务和情绪情调来说它,而不是将之作为单纯的句子和某种语法书中已经说滥了的例句来说它。

"上帝在",这说的就是:现实地就在当前。"有地球"说的是,我们正体验着它并将之视为持续现成的。"大厅里有讲演":讲演正在举行。"这个男人是从斯瓦本地区来的":他源生于那个地方。"这个杯子是银质的":它的构成成分是……。"农夫在地里":他一心扑在土地上,待在那儿。"这本书是我的":它属于我。"他就是个死人":落入死亡。"红色是左舷":它表示……。"狗在花园里":它在那里闲荡。"群峰之巅/是……静":这……??? 在此诗句中,这个"是……"〈ist〉召唤什么呢? 静谧在现身? 出现在面前? 进行着? 待在那儿? 这一切在此都不合适呀! 但它却就是那同一个简单的"是"呀! 或者这句诗的意思是说:群峰之上,笼罩着一片静谧,这是不是就像说在学校里,安静的气氛笼罩着全班一样? 但这

---

① 在德文中,所有上面的短句都有着以系动词〈sein〉的第三人称形式"ist"为系词的句法结构。鉴于汉语中缺乏与德文词"ist"正相对应的语词,译者这里根据汉语的说话习惯,将之分别灵活译为"有""是""在"等等。不仅如此,按照海德格尔自己这里对这些例句的理解和解释,将所有这些用法硬"束缚"在某一个固定的词法结构中也是不适当的,充其量只是不得已而为之罢了。关于这点,尤其参见下面海德格尔对最后一句歌德诗文的理解和解释。这样也就给译者一个更充足的理由,在不同的情形下将之分别用不同的汉语词译出。至于海德格尔专门讨论"ist"这个词的地方,考虑到他这里主要是从日常语言使用的角度入手讨论,我们暂且选用汉语词"是"或"是什么"来对译。但在某些地方,我们不得已也用"是/在/有"这个译法。——译注

也不对！或许还可以说：静谧，驻足于群峰之巅；弥漫在群峰之上？这样的诠解，虽然已不太离谱，但还是未见中的。

"群峰之巅／是……静"。这个"是……"根本就无从诠解，它只是这个"是"而已！这几行诗句中即兴吟诵的是歌德在伊尔门瑙近郊基克尔汗山上用炭笔写到小木屋的窗框上去的（参看1831年9月4日致策尔特的信）。稀罕的是，我们在此为了这个诠解绞尽脑汁，踌躇犹豫，最终还是要完全罢手，这并不是因为此领会太复杂、太困难，而是因为这句诗说得如此简单，甚至比那些个我们通常混杂在日常生活的谈话中不假思索、脱口而出的"是"，都还要简单和单纯。

无论我们对这些个别性例子的解释情况如何，上面进行的对"是／在"之道说清楚地表明了一件事：在这个"是／在"中，存在以一种纷然杂陈的方式向我们敞开。而那个最容易被想到的、认为存在就是一空空洞洞的语词的主张，则被重新而且比以前更加强有力地证明为是不真实的。

但是，人们现在会这样反对说，这个"是"当然要以一种纷然杂陈的方式将其意义表征出来。不过，这绝不是"是"本身的事情，而是取决于陈述内容的多种多样，而这些陈述内容又内在地涉及形形色色的存在者：上帝、地球、杯子、农夫、书、饥荒、群峰的静谧。只因为这个"是"始终自在地就是不确定的，而且其含义空空如许，它才能够备有如此杂然纷陈之用，也才可以"随遇而安"地充实自身与确定自身。因此，前面引述的那有着确定含义的多种多样性所证明的正是那所要显示东西的反面。它们仅仅最清晰不过地证明了，为了使这个存在成为可被确定的，它必须是不确定的。

对此反驳应当说些什么呢？在这里,我们来到了一个至关重要问题的问题区域:这个"是"所以成为某种具有多样性的东西,是因为它总连接着句子的内容,亦即连接着这些句子所陈述东西的领域的缘故呢？还是因为这个"是",亦即那存在,在其自己自身中就隐藏有这种多样性呢？正是这种多样性的展开,使得我们总能以如其所是的方式,从根本上通达那各种各样的存在者。

现在我们还只是提出问题。我们尚未准备充分,尚不足以进一步展开这个问题。一个无法否认,也是我们眼下唯一想要指出的东西是:这个"是"在道说中表现出了含义的某种丰富多样性。我们总是以这样的含义中的某一含义来说这个"是",而在这样做时我们却没有,无论是在事前还是事后,特地去对"是"做一个特殊的解释,更不消说专门来考虑这个"是"了。这个"是",一会儿意指这个,一会儿意指那个,它简直就在道说中,向着我们绵绵不绝,迸涌而出。然而,其含义的多种多样却绝不意味着随心所欲。让我们现在来证明这一点。

让我们挨个来列举一下那些经由诠解而释出的含义:这个用"所是"〈ist〉来述说的"在/是"〈sein〉,其含义有:"现实地就在当前";"持续现成的";"正在举行";"源出于";"由……组成";"待在那儿";"属于";"落入";"表示……";"现身";"笼罩";"上场";"露面"。要想挑出一个共同的含义,将之作为普遍性的属概念,在其麾下,上面说到的"是"的诸种方式都可作为类型而一一归入。这样做始终是困难的,甚至可以说是不可能的,因为这样做有逆存在之本质。然而,却有一个统一而确定的走势贯穿在这所有的一切中。这个走势把对"存在"的领会指向某个确定的境域,从这一境域出发,存在之领会得到充实,而就是在当前与在场,存活与"在",驻留与涌现之间的周行往返中,"存在"之意义的边界轮廓得到了持存。

所有这一切都指向那我们在最初标画希腊人对存在的体验与解释时所碰到的东西。如果我们坚持通常的对不定式的释义,那么,"在/是"这个词的含义就是从领会所引导的那个境域的统一性与规定性中得来的。简而言之,这样我们就是从不定式来领会"存在"这个动名词,而这个不定式自己又始终关涉着那个"是",以及它表现出来的杂然纷陈。这个确定的和特定的动词形式"它是"〈ist〉,①即现在时直陈式的第三人称单数,在此有着一种优先地位。我们对"存在"的领会并不着眼于"你是"〈du bist〉,"你们是"〈ihr seid〉,"我是"〈ich bin〉或者"他们会是"〈sie wären〉,虽说所有后面这些也完全和这个"它是"一样,是"存在"的动词变形的表现。我们把"存在"视为"它是"的不定式。反过来说,我们从"它是"那儿来说明"是/在"〈sein〉这个不定式也非随意的事情,因为如果不这样做几乎就是不可能的。

这样一来,"存在"就有了那种已经指出来的含义,它追忆到希腊人对存在之本质的讲法。存在也还具有一种确定性,这种确定

---

　　① 在德文中,"ist"是系动词"sein"的现在时直陈式第三人称单数变位的形式,相似于英文文法中的"is"的位置。在前面的讨论中,海德格尔的重点是想说"ist"作为"sein"的变位形式和"sein"之间的关系,所以变形中的主语是"我""你""它"就无甚大关系。基于汉语语言习惯,在那里"它是"〈ist〉中的"它"就未译出,统一译为"是"。〈参见第33页译注1〉但在这里的讨论中,海德格尔要想说"它是"相应于"你是""我是""你们是",甚至于作为不定式的"是"〈sein〉等等的优先地位,所以原先略去的"它"必须要现出。基于这一考虑,"ist"在此译为"它是"。——译注

性不是从随便什么地方分发到我们头上的,而是自古以来就支配着我们的历史亲在。这样,我们对存在之词义的确定性的寻觅就一下子明确地变成了一种正存在着的东西:一种对我们的遭到遮蔽的历史的源生情形的思索。为了葆真与展开"存在所处的情形如何?"这个问题那里的特有历史广度,这个问题必须要自身保持在存在的历史中。因此,我们要再来谈谈存在的道说。

Ⅳ. 存在的限制

正如我们在"是/在"那里遇到一种十分熟悉的道说存在的方式一样，我们在指称"存在"这个名称时也有一些完全确定的、业已公式化了的说法：存在与变成〈Werden〉；存在与显象〈Schein〉；存在与思想〈Denken〉；存在与应当〈Sollen〉。

当我们说到"存在"时，我们差不多就有一种冲动要去说"存在与……"。这个"与"的意思不只是说，我们顺带地附加了一点什么东西上去，而且是说到了那些存在与之有别的东西，即存在与非……。但同时，我们还用这几个公式化了的名称意指那与存在有别，但又无论如何还专属于存在的东西，尽管这东西就还只是存在的别异者罢了。

我们迄今的追问进程不仅仅是要弄清楚它的范围。诚然，我们最初把这个问题本身，即形而上学的基本问题，只是当作一个从随便什么地方传到我们这里并向我们举荐的问题接受下来。然而这个问题却很快地向我们展示出它值得一问。这一问题现在越来越表明它就是我们的历史性亲在的一个遭到隐匿的根基。甚至当而且恰恰当我们自鸣得意，且又喧哗躁进地在这个似乎只做了一点点虚掩的深渊般的根基四周闲逛之际，这一根基的情形保持依旧。

现在让我们来追踪存在与有别于它的有别者的不同之处。在作此追究时,我们应当体验到,这个存在对我们来说,绝不是像通常以为的那样,只是一个空洞的语词。相反,它有着如此多方面的规定性,以至于我们几乎不知如何做才可以来充分地葆真这一规定性。然而这还不够。这一体验必须要发展成为我们将来的历史性亲在的基本经验。为了使我们从一开始就以正确的方式来一同做出这个区别,我们对之提出下列看点:

1)存在相对于别异者而被划定界限,因而它在此设定的界限内就已经有了某种确定性。

2)这个界限是通过自身中四个方面的相互关联作用而界划出来的。因此,存在的确定性就必定或者枝繁叶茂,或者落叶凋零。

3)这些区分绝非偶然。由这些区分在分支中持有的东西,源初地既休戚相关又彼此挤逼,所以,这些区分就有某种自身的必然性。

4)因此,这些乍看起来像是公式化了的对立也就不是随意发生的,它们也不像是作为言说的格式而身陷在语言中的东西。这些对立的出现与存在的印迹紧密相联,而此存在的敞开在西方的历史上则曾经是权威性的。这些对立与哲学追问的开端一道开始。

5)这些区分不仅始终在西方哲学范围之内起支配作用。它们渗透在一切的知,一切的行与一切的说中,甚至在还没有被特别说出,或者说还没有被以这套语词说出之前,它们就在那儿了。

6)列举出来的这些名称之序列已经指点出其本质联系的次序以及其印迹的历史性先后顺序。

首先提到的两种区分(存在与变成,存在与显象)在希腊哲学开启时就已形成。这两项区分最古老,也是最流行的。

第三种区分(存在与思想)初露端倪的时间并不晚于前两种。虽然柏拉图与亚里士多德的哲学对它的拓展起到了决定性的作用,但它却到近代开始时才获得了其真正的形态。它甚至对近代的开端还起过某些方面的本质性作用。相应于它的历史而言,这第三种区分是最纠缠不清的,而且,就其意图来说,也是最成问题的。[因此,它始终也是最值得我们追问的。]

第四种区分(存在与应当)彻底地属于近代,它仅在遥远的往昔通过将ὄν〈存在者〉标明为ἀγαθόν〈善〉而有过前导性的雏形。自十八世纪末叶以来,现代精神的主流朝向存在者一般而去,而这第四种区分也就规定了这主流中的一支。

7)发问存在问题的任务就是去把握存在本质之真理的展开,而对存在问题的源始追问,必须要使隐藏在这些区分〈Unterscheidungen〉中的强力走向决断〈Entscheidung〉,并将区分带回到它们的本己真理之中。

所有这一切事先的说明都要在今后的考虑中不断地保留在视野中。

1. 存在与变成

在对存在追问的开端处就有这一区分与对峙的情况。直至今日,这一区分也还是最常见的通过别异者来对存在进行限制的途径,因为它硬是将存在设想为不言自明的东西,从这一想法出发,它直截了当、清楚明白。举凡正在变成的东西,尚不存在;而那存在的东西,则不再需要变成。"在着的"东西,即存在者,将一切变成都抛到了身后,尽管它无论如何也曾经是变成过,并且还有可能再变成。在本真意义上的"在着的"东西,反抗着一切来自变成的挤逼。

生活在公元前 6 世纪至 5 世纪之交的巴门尼德,目光深邃,应运而生。在其诗性运思中,他将存在者的存在置放在了变成的对立面。他的《教诲诗》只剩残篇,然而,重大的和实质性的内容都流传下来了。在此我们只引一些诗句(残篇 Ⅷ,1—6):

Μόνος δ᾽ἔτι μῦθος ὁδοῖο／λείπεται ὡς ἔστιν.ταύτηι δ᾽ἐπὶ σήματ᾽ἔασι／ πολλὰ μάλ᾽, ὡς ἀγένητον ἐὸν καὶ ἀνώλεθρόν ἐστιν,ἔστι γὰρ οὐλομελές τε καὶ ἀτρεμὲς ἠδ᾽ἀτέλεστον.οὐδέ ποτ᾽ἦν οὐδ᾽ἔσται,ἐπεὶ νῦν ἔστιν ὁμοῦ πᾶν,／ἕν,συνεχές.／

"然而,唯一保留下来的就是道路的述说,

(在此道路上自身敞开着)存在境况;在这显示存在的

(道路)上甚至还有诸多的林林总总。

存在既不产生,也不衰亡,

完整,唯一,

无动于内,无止于外。

既非曾在,也不将在,

因为作为当下,它一下子就在,唯一,合一,统一,

在自己,从自己,拢聚而成(集聚所有当今)"。①

_____

① 英译者认为,海德格尔对此残篇的译解与通常的译文相比,有几个突出的不同之处:1)把 νῦν ἔστιν 译为"作为当下,它存在",而非"它现今存在";2)ἕν 惯常被译为"一",而这里却译成"唯一、合一、统一";3)συνεχές 通常译为"持续不断的",而这里却译为"在自己,从自己,拢聚而成"。——译注

这寥寥几行格言摆在这里，就像早年希腊的雕像。我们从巴门尼德的《教诲诗》中获得的东西现在不过汇集成这薄薄的一册，但究其所谓的存在必要性而言，它足以傲视所有图书馆中的全部哲学文献。谁吃透了如此这般的思想道说之精华，谁就会打消一切今天再著书立说的念想。

从存在中道说出来的东西就叫σήματα〈符号〉，这不是存在的记号，也不是存在的谓词，而是在直窥存在中，从其出发来显示存在自身的东西。在这样的一种直窥存在中，我们必须对存在那里出现的一切产生与消亡，或诸如此类的事情视而不见，我们必须在积极的意义上看－穿〈fort-sehen〉：视若无睹，去除。凡是用ἀ-〈不……〉与οὐδέ〈既不……也不……〉撇开的东西，都是不合存在分寸的。存在的分寸另有不同。

从上述的这一切，我们得出结论：存在经此述说而显示为独特的、自身集聚着的精纯常住，不为任何纷扰、变换所动。直至今日，但凡在描述西方哲学的开端之时，人们仍习惯于将巴门尼德的这一学说与赫拉克利特的学说对立起来。一句常常引用的话：πάν-τα ῥεῖ一切皆流，应当就出自赫拉克利特之口。据此，根本没有存在。一切皆"是"变成。

人们会觉得，出现这样的对立，即这个说存在，那个说变成，这是件很正常的事。因为这样已经能够证实从哲学开始以来，应该说贯彻在整个哲学史过程中的一件事：凡一个哲学家说 A 之处，另一个哲学家就说 B，而当后者说 A 时，前者则会说 B。当然，如果相反的观点能够证成，即在哲学史上所有思者在根本上都说的是同一个东西，那上面的说法在日常理性看来就成了一套古怪的胡言乱语。倘若所有哲学家说的都是同一回事的话,我们还要这部纷然杂陈的西方哲学发展史干啥呢?一个哲学就足够了。一切都已经说出来了嘛。但是,存在日复一日,而又日日常新,其永不枯竭的财富,恰才是这个"同一"所从之取出内在真理的东西。

人们总把变成说归到赫拉克利特头上,认为他是和巴门尼德尖锐对立的。其实,赫拉克利特和巴门尼德说的是同一回事。如果赫拉克利特说的不同,那他就不会是伟大的希腊人中最伟大者之一了。不过我们切不可按照19世纪的达尔文主义的想法来解释赫拉克利特的变成说。当然,后世对存在与变成之对立的描述再也未像在巴门尼德之说中那样悠然自得。在巴门尼德的伟大时代,对存在者之存在的道说在其自己本身中拥有它所述说的存在的[隐蔽]本质。伟大之秘密就寓于如此的历史必然性中。关于第一个区分"存在与变成",我们目前就给出这些提示,至于原因,我们后面再给予澄清。

2. 存在与显象

此一区分与上面说的区分同样古老。这两个区分(存在与变成,存在与显象)同样源始,这就点出了一种更深的联系,此一联系至今依然幽闭未明。因为这第二个区分(存在与显象)迄今还不能重新展开其真实的内涵,我们就需要源始地,也就是说用希腊的方式来把握它。但这样做,对我们这些深受近代知识论误导的人说来,并非易事;面对本质之物的简单,我们很难回应,而且多半也做不出什么回应。

初看起来,这一区分似乎是清楚的。存在与显象说的就是:现实的东西与不现实的东西之间有区别而且对立;真实的和不真实的正相反对。在这一区分的同时有着一个估值,而存在则凭此获得优越地位。正如我们会说"奇迹"与"可惊奇的东西"那样,我们也说"显象"〈der Schein〉与"可显象的东西"〈das Scheinbare〉。人们常常把存在与显象的区分回溯到前一种存在与变成的区分。可显象的东西只是偶尔浮现,既游离无定、又稍纵即逝,它与作为常驻的存在对峙而立。

存在与显象之间的区分对我们来说是太常见了,犹如众多已磨损的硬币中的一枚,我们在平淡的日常生活中把它用来用去,看都不看它一眼。一旦遇到有出格的情况,我们就会像使用道德指令和生活规范那样,抬出这一区分来排除显象并争回存在的位置:"'存在'胜于'闪现'"。①

然而,尽管存在与显象之间的这一区别十分明显和熟悉常见,但我们并没有领会,在存在与显象那里究竟是如何才出现了源始的分离。但这已然发生的实情就意味着已有一种相互隶属性,而这又是怎样的一种情况呢?我们应当来首先把握这种隐藏着的存在与显象之间的统一性。但我们现在再也无从领会这一统一性,因为我们已经从那一开始就有的,而且是历史性地生长起来的区别那里滑脱了出来,我们现今仅把这种区别当作像在某时某地曾经流行过的某种定律一般的东西承继下来并传递下去。

为要把握这一区分,我们在此还必须回到开端处去。

---

① "mehr sein als scheinen"亦可译为"'是'胜过'显是'"。——译注

　　然而，如果我们及时地从无厘头的闲言妄语中摆脱出来，我们就还有可能从我们自己本身那里辨识出通往领会这一区分的踪迹，我们说"显象〈Schein〉"，我们知晓天上落雨和阳光照耀〈Sonnenschein〉。太阳放出光芒〈scheint〉。我们这样来讲故事："小木屋里，一支微弱的烛光〈Schein〉，摇曳闪亮"。阿勒曼口语方言中有一个词"Scheinholz"，意思是说"乌黑发亮的木头"。我们从关于圣徒的叙说中知道圣像光轮〈Heiligenschein〉就是围绕着在圣像头部的光环。但我们也知道假圣人〈Scheinheilige〉就是那有着圣人的外貌，但其实不是圣人的人。我们还遇见过战斗中的佯动〈Scheingefecht〉，那是一种用来假装战斗的动作。太阳升起照耀〈sich scheinen〉时，它显得〈scheint〉是在围绕着地球转动。月亮发光〈scheint〉，直径是两英尺，但只是看似如此〈scheint〉，这只是个显象〈Schein〉。在此，我们碰到显象〈Schein〉与发光闪现〈scheinen〉两种情形。[①] 但是，此两者并非简单平列，而是其中一个是另一个的变种。例如太阳，正是因为它发光，即照亮四方和在此光亮中显现，也就是说显露出来，它自身才可能有围绕着地球转动的显象。在太阳发光，光芒四射的同时，我们也还会感受到热量的辐射。太阳发光：它显示自身，而我们感到温暖。光芒四射作为圣像光轮中的光辉则将头上萦绕着此光轮者显现为圣徒。

---

　　① 　此句中"显象"与"发光闪现"的德文原文为 Schein 与 scheinen。此段中"阳光"的"光"，"烛光"的"光"，"发亮的木头"的"发亮"，"圣像光轮"的"光轮"，"假圣人"的"假"，"佯动"的"佯"，都是用 Schein 这个字拼缀成的；"太阳发光"的"发光"，"太阳升起照耀"的"照耀"，"看似如此"的"看似"，都是据 scheinen 这个字的变形写成的。这些原文说明两字相融而又变异的情况，在德文中看得很清楚，而译成中文就无法表达出来。——译注

更仔细地看一看，我们就会找到显象〈Schein〉的三种方式：1）作为光辉与光亮〈Glance und Leuchte〉的显象；2）作为现象〈Erscheinen〉的显象和闪现〈Scheinen〉，以及某物来此的显－露〈Vor-schein〉；3）作为单单显似〈Schein〉的显象，某物做出来的假象〈Anschein〉。但这里同时也十分明显，在第二项中提到的"闪现"，即在自身显示意义下的现象，它既是作为光辉之显象的特点，又是作为假象之显象的特色。而且，它不是任意的一种特质，而是其可能性的根据。显象的本质寓于现象中。这本质就是自身－显示，自身－呈－现，展露－出，出－现。等候已久的书现在出版了〈erscheinen〉，也就是说，它出－现了，现成在手，所以唾手可得了。如果我们说：月明，那么，这不只是说：它散发光亮，散发某种光明；而是说：月亮在天上，月亮在场，它在。星光闪烁说的也是：众星在场闪亮。在这里，显象的意思恰恰和存在同一。［萨福[1]的诗句：ἀστερες μὲν ἀμφὶ κάλανσε λάνναν〈美丽的月儿，众星环绕，点点闪烁〉……与马蒂亚斯·克劳狄乌斯[2]的诗歌《摇篮曲·月下吟》都给了我们美妙的线索来沉思存在与显象。］

　　如果我们关注前面所说的情况，我们就会遇上存在与显象之间的内在联系。但只有当我们在相当源始的层面上，这里说的是以希腊人的方式，来领会"存在"时，我们才完全把握住了这个内在联系。我们知道，在希腊人那里，存在作为φύσις绽放自身。这一

---

[1]　萨福（Sappho，约前630或者612－约前592或者560），古希腊著名的女抒情诗人。——译注

[2]　马蒂亚斯·克劳狄乌斯（Matthias Claudius，1740－1815），18世纪著名德国抒情诗人。——译注

绽放着－逗留着的存在力道（Walten）在自身中同时又是闪现着的现象。Φυ-与φα-,这两个词根指的是同一个东西。Φύειν〈绽开〉,此一悠然自得的绽放就是φαίνεσθαι〈自身呈现〉,就是亮起来,自身－展示,现象。我们在这里更多的是以枚举的方式提及了存在的诸项确定性特征,这些特征以及由对巴门尼德的提示所生发出来的所有东西,都已经在帮助我们在某种意义上达到对"存在"这个希腊基本词的领会。

在希腊人的伟大诗篇中揭示出存在这个词的命名力量将会是件有教益的事情。在此我们只需指出,例如品达^①就认为这个φυά构成了亲在的基调:τὸ δὲ φνᾷ κράτιστον ἅπαν。凡是由φυά且通过φυά而来的存在者,就是完全彻底的最强力者(《奥林匹克竞技胜利者颂》,Ⅸ,100);φυά指的就是那个已经源始地而且本真地在起来的东西:那已经在起来者〈das Ge-Wesende〉,它与后来的那些强造硬制得来的以及装腔作势的货色有着天壤之别。存在是高贵与高洁的基调(也就是说,它属于那种有着高贵出身且生长于斯的东西)。与此相关,品达还撂下了一句话:γένοι’ οἷος ἐσσί μαθών。(《皮托竞技胜利者颂》,Ⅱ,72)"好学才会使你出落成你所是的那个人!"但是,在希腊人看来,在自我中持立,这无疑说的就是"在那里－站起来","站在光亮中"。存在的意思说的就是现象。现象不是偶尔遇上存在后才从中攫取的东西。存在就是作为现象才在起来的。

这样,那个一般的关于希腊哲学的广为流传的想法,就像一个

<hr>

① 品达(Pindar,公元前522? －前442?),古希腊著名诗人。——译注

凭空构造的建筑物那样轰然垮塌了。按照这一想法,希腊哲学"实在论地"教导我们有一个客观自在的存在,这和近代主观主义的教诲截然不同。这一流行的想法源出于理解的浅薄。我们必须把"主观的"与"客观的","实在论的"与"唯心论的"这些名号抛在一边。

　　然而,只有在我们认可希腊人对存在的理解有更合适的把握的基础上,我们现在才可以迈出那具有决定性的一步,这一步将为我们展开存在与显象之间的内在关联。现在应该让我们来察看一下这个关联,它是源初性的并且具有独特的希腊风格,但它居然为西方精神孕育出了奇特的后果。存在根本就是作为 φύσις 而在将起来。这个绽放着的存在力道就是现象。这一现象走向显露,而在这个过程中就已经有:这存在,这个现象让从隐蔽状态中涌出。当存在者作为这样一个存在者在着之际,它就把自身摆到并立于无蔽状态中,即 ἀλήθεια〈去蔽〉中了,而我们不经思考地就把这个词语翻译为,同时也就是说,误解为"真理"。诚然,人们现在也渐渐开始按字面意思译出 ἀλήθεια 这个希腊词。不过,如果人们立即又以完全不同于希腊人的意义去领会"真理",而且还把此意义塞给这个希腊词,那么上面的做法就会无济于事。因为希腊人的真理之本质只有与希腊人的作为 φύσις 的存在之本质合而为一才会可能。正是站在 φύσις〈自然〉与 ἀλήθεια〈去蔽〉之间的这一独特的本质关联的基础上,希腊人才可能说:存在者作为存在者就为真。真的东西就是如本己一般地存在着。这里要说的是:在存在力道中的自身显示者立于无蔽之中。此无蔽者本身在自我显示中前来站立。真理作为无-蔽并不是存在的某种额外附加物。

真理隶属于存在的本质。存在者存在,这其中就有:来显露;
忽闪忽现地登场;摆出……样子;将某物摆置－出来。不存在说的
东西恰恰相反:脱离出现像,脱离出在场。在现像的本质中就含有
在真正的推论和指示意义上的出场和离场,来和去。存在就这样
散落在存在者的形形色色当中。这个形形色色的存在者把自己扩
散为这里或那里的切近东西与当前东西。它作为显现者给自己一
个外形〈Ansehen〉,δοκεῖ〈外形〉。Δόξα的意思是荣光,就是一个
人立于其中的场景。① 如果一个东西在其中得以绽放的场景出色
卓越的话,那么,δόξα在这里就意味荣耀与声誉。在希腊化时期
的神学中与《新约》中,δόξα θεοῦ,gloria Dei 就是神的荣耀。赞
誉就是赋予和表达尊敬,在希腊人那里就叫作:置入光明之中,从
而使之获得常驻永恒,获得存在。对希腊人来说,荣誉根本就不是
一个人为了某个目的而可得可失的东西,荣誉是最高的存在方式。
在今人的眼中,荣誉早就被视为只是出点名而已,而且这种出名已
经成了非常不靠谱的事了,已经成为一种通过报刊广播抛来掷去
和大肆宣扬的成果,而这几乎就是走到了存在的反面。如果在品
达眼里,赞誉是诗的本质,而作诗就是:置入光明中,那么,这绝不
因为他认为光明起着一种特殊的作用,而仅仅是因为,他是作为希
腊人来运思与写诗的,也就是说,他立于存在之被给与的本质中。

　　前面应该已经说明,在希腊人眼中现象隶属以及如何隶属于
存在,说得更尖锐一点就是:我们已经说明了存在在现象中就是以

---

① 在德文中,"Ansehen"同时具有"外形","荣光"与"场景"的含义。——译注

及如何与它的本质在一道。这一点我们已经在希腊人所塑形的人的存在的最高可能性，即荣誉与赞誉那里得到了说明。荣誉叫作δόξα。而δοκέω〈显现〉叫：我显示自己，我显现，我步入光明。在此较多地从观看与视觉出发来体验到的东西就是外形；这一某人持立于其中的外形，更多地却是从倾听和呼唤而来去把握另一个用作"荣誉"的希腊词κλέος〈荣誉〉。这样，荣誉就是一个人立于其中，可供呼唤的声誉名望。赫拉克利特说（残篇 29）：αἱρεῦνται γὰρ ἕν ἀντὶ ἀπάντων οἱ ἄριστοι, κλέος ἀέναον θνητῶν, οἱ δὲ πολλοὶ κεκόρηνται ὅκωσπερ κτήνεα，"至尊至贵者宁取单一也不要其他的一切；宁取永恒常驻的荣耀，不要逝灭朽腐的事物。可多数人却像牲畜一般，对之厌倦"。

然而，上述的这一切尚有一点限制，这点限制同时也就揭示出事情内容的全部丰富本质。Δόξα 是一个人处于其中的外形〈Ansehen〉，在更广的意义上说，它就是每一个存在者在其样貌〈Aussehen〉(εἶδος, ἰδέα) 中既遮蔽又去蔽的外形。一个城市提供出恢宏的外观〈Anblick〉。一个存在者在其本身那里拥有的，因而也才能够从自身出发提供出来的观点〈Ansicht〉，总是可以随时从这个或那个着眼点〈Augenpunkt〉出发来被接纳。根据视点〈Gesichtspunkt〉的不同，提供出来的观点也就随之改变。所以，这观点同时也就总是这样的一种我们在此为我们自己接纳和制作的东西。在我们对存在者进行经验认知和践履时，我们不断地从其样貌出发而在我们心中形成观点，而这种事情往往在我们还没有把事情本身看得真确之前就发生了。无论沿循怎样一条道路，出于怎样一种理由，我们都会达成关于事情的某种观点，这样，我们有关这件事的意见〈Meinung〉就形成了。[①] 但由此就可能出现这样的情况，即我们拥护的观点对于此事而言根本就是无稽之谈。它纯粹就是一个观点，一个猜想而已。我们猜想某事大概是如此如此。我们仅只是在表达意见。猜想在希腊文中叫作 δέχεσθαι。[猜想总是和现象出来的东西联系在一起。]Δόξα作为这样或那样猜想出来的东西就是意见。

现在我们已经来到了我们曾力求要到达的地方。因为存在，即 φύσις 就是现象出来，就是样貌与观点的呈现，所以，它就在本质上，从而也必然和常驻地处在某种样貌的可能性中，而这一样貌，恰恰掩盖与遮蔽了存在者在真理中，亦即在无蔽状态中所是的东西。存在者现在来此站立的这个外形，就是在假象〈Anschein〉意义上的显象〈Schein〉。举凡有存在者的无蔽状态之处，就一定有显象的可能性，反之亦然：举凡存在者在显象中站住，并长久且安然驻足的地方，显象就会破碎和毁灭。

用 δόξα 这个名称来命名的东西有好几种：1) 作为荣耀、荣誉的荣光〈Ansehen〉；2) 作为能呈现出某种东西的质朴无华的观点的外形〈Ansehen〉；3) 作为仅仅看上去如此的外形〈Ansehen〉：作为单纯假象〈Anschein〉的"显象"〈Schein〉；4) 个人形成的观点〈Ansicht〉，意见。这种语词之多义绝非语言之不严谨，而是在一种伟大语言中成长起来的大智慧深处的有根有据的游艺汇演，而这一伟大语言则将存在的诸本质之走向葆真在语词中。为了在此

---

① 注意在这一段中德文词"Ansehen〈外形〉"，"Aussehen〈样貌〉"，"Anblick〈外观〉"，"Ansicht〈观点〉"，"Augenpunkt〈着眼点〉"，"Gesichtpunkt〈视点〉"之间的词形与词义关联。中译名未能充分表达。——译注

从一开始就能正确地看，我们必须要小心提防，避免将显象武断地视为或者曲解为某种仅仅"想象出来的东西"和"主观的东西"。恰恰相反，应当说，正如现象〈Erscheinen〉隶属于存在者自身，显象〈Schein〉也属于它。

让我们来想想太阳吧。我们看见太阳每天有起有落。只有极少数的天文学家，物理学家，哲学家——而这些人也只是根据一种特殊的、多少也是流行的看法——直接地知道，事实真相并非如此，真相是地球围绕太阳转动。然而，太阳和地球处于其中的那种显象，例如晨曦微露，沧海夕照，夜色朦胧，都是一番现象。此显象并不是无，也非不真。它也绝不是那与自然中的关系本来就异类不同的单纯现像。这一显象是历史的而且就是历史，它在诗歌与传说中被揭示和建立起来，因而是我们世界的一个本质性的领域。

那些后来的无能猥琐之辈，仅凭一点自作聪明，就以为可以通过"主观性"的一句解释而将显象的历史性强力搞定，岂不知这里的这个"主观性"的本质恰才是最值得怀疑的东西。希腊人的体验完全不同。他们时时刻刻必须要把显象首先从存在那里撕开，将存在葆真在与显象的对反状态中。〔存在从无－蔽中在将起来。〕

正是在这一存在与显象之间的斗争过程中，希腊人从存在者那里夺取存在，他们将存在者带入常驻与无蔽：诸神与国家，神庙与悲剧，竞赛与哲学；然而，所有的这一切都在显象中，被显象所包围窥伺，但显象也得到了认真地对待，显象之强力得以被知晓。只有到了智辩术中，到了柏拉图那里，显象才被说成是单纯的显象并因此被降格。与此同时，存在作为 ἰδέα〈理念〉则被提升至一个超感觉的地方。在这边是低下的、仅仅貌似、显似的存在者，而在上边某个地方则是现实的存在,两者之间被撕开一道裂隙,χωρισμός〈分离〉。后来基督教的教义就在此裂隙中定居繁衍,在此过程中,在下者就被臆说为被造物,而在上者则成了造物主,而这一被改铸过的武器又被用来反对古代人[异教徒]并阻断他们。所以尼采说得对:基督教就是民众的柏拉图主义。

反之,希腊人之亲在的伟大时代,乃是唯一具有创造性的自我主张的年代。存在与显象,这两种强力的对立力量,在此间进行着多方的纠缠角力。(关于人的亲在和存在本身之间的源初性、本质性关联,以及在无蔽意义上的真理与作为揭示的非真理之间的源初性、本质性关联,请参阅《存在与时间》第44节与第68节。)

在早年希腊思者的运思中,存在与显象的统一和冲突原本是强有力的。不过,这一切在希腊悲剧诗中表现得最高与最纯。请看索福克勒斯的《俄狄浦斯王》。俄狄浦斯起初是国家的救星与君王,他身处荣耀之中,又得到神灵的恩典,但他却被从上面的显象中抛甩出来,结果最终现出:弑父娶母成为他在无蔽中的存在。上面的显象不单纯是俄狄浦斯对自己本身的主观观点〈Ansicht〉,而是他的亲在之现象在其中的发生之地。这条道路,从光彩夺目的起点到那毛骨悚然的结局,就是一种在显象(隐蔽与伪装)和无蔽(存在)之间的独特斗争。全城邦的人都遭到遮蔽,对前国王拉伊奥斯的被弑一无所知。俄狄浦斯身处公开的荣耀之中,同时又是希腊人,他满怀激情,径行揭露此一遮蔽之事。这样,俄狄浦斯就不得不一步一步地把自身置入到那无蔽之中,最后,他只有承担这一无蔽状态:他自行戳坏双眼,也就是说,把自身置放到一切光明之外,让漆黑的夜抢占自身;然后,他作为一个瞎子大喊:快快打开所有的大门！以期让百姓看清:这是一个如其所是的人。

　　但是我们不可以只把俄狄浦斯看成是一个走向落魄完蛋的人,我们必须在俄狄浦斯身上把握到希腊人亲在之形态,在此形态中,希腊人的基本情态冒险探入最遥远和最狂野的境地,这是一种揭露存在的情态,即向着存在本身的奋争。荷尔德林在其《在可爱的蓝色中盛开……》这首诗中先知一般地吟唱道:"俄狄浦斯王也许多出了一只眼睛。"这只多出来的眼睛乃是一切伟大的问和知的基本条件,同时也是其独一无二的形而上学根基。希腊人的知〈Wissen〉与知识学问〈Wissenschaft〉就是这种情态。

　　如今强调知识学问要为民众服务,这诚然是一个必要而且相当重要的要求,但仅此就还对本真的东西追求甚少,甚至毫无追求。当存在者变形为亲在的公开状态时,所隐蔽的意求〈Wille〉要意愿〈will〉的更多。为了使知识学问,这首先说的就是源始的知,发生某种变化,我们的亲在需要有一种在全然不同层次上的形而上学思想深度。它首先需要的是重新对存在者整体的存在有一种由馈赠而来的,而且是真实建构起来的根本关系。

　　我们如今的人将这一切叫作存在、真理、显象。我们与这些东西的关系,长久以来早已经是一团乱麻,它既无根柢也无激情,结果这就招致我们在对此希腊诗篇进行解释和化为己有的过程中,仅仅只可以去猜测寻觅这一在希腊亲在自身中的诗性道说之强力遗下的蛛丝马迹。我们要多谢卡尔·莱恩哈特①所提供的最新的

---

　　①　据英译注,此处可参见 Karl Reinhardt,*Sophocles*,Hazel Harvey & David Harvey 译,Oxford:Blackwell,1979,第 4 章。——译注

对索福克勒斯的解释(1933年),它之所以比其他迄今所有的尝试在本质上都更靠近希腊人的亲在与存在,恰是因为莱恩哈特从存在,无蔽和显象这些基本关联出发来看待和追究这一悲剧事件。尽管不时也还有近代主观主义和心理主义的观点游走其间,但将《俄狄浦斯王》解释为"显象的悲剧"仍是一伟大的成就。

我们对在希腊人那里进行的有关存在与显象之间斗争的诗性踪迹给出了指引,现在就让我引一段索福克勒斯《俄狄浦斯王》中的诗文来结束这一指引。我们暂时将希腊意义上的存在标画为常驻,而把我们现在所达到的对存在的标画称为现象,所引的这段诗文给了我们一个机会,完全自由无拘束地在关于存在的这两种标画之间建立起关联。

从悲剧的最后一首合唱诗(参见1189行及以下)中引的几句诗行如下:

> τίς γὰρ τίς ἀνὴρ πλέον
>
> τᾶς εὐδαιμονίας φέρει
>
> ἢ τοσοῦτον ὅσον δοκεῖν
>
> καὶ δόξαντ' ἀποκλῖναι;
>
> 究竟是谁,是何者荐授给
>
> 那驯服－合辙的亲在更多?
>
> 难道因为:身处显象中的他,其大小多少,
>
> 正好为了——作为一个闪现者－偏转?

　　　　（即：从恰好－立于－自身－之中偏转）①
　　　　　·　·　·　·　·　　·　·　·　·　·　·

　　在前面厘清不定式的本质时，我们曾经谈到过用来描画某种
ἔγκλισις〈动词变形〉的诸如偏－转，变卦(casus〈格〉)这样一些词。
现在我们看到，显象闪现〈Scheinen〉作为存在之变种就是像变卦
一样的东西。存在的意义是"恰好在自身中站立"，而显象闪现就
是存在在这个意义下的变种。存在的这两种偏离都是从作为立于
光明中的，也就是说，是从作为现象的常驻状态的存在中得到
规定。

　　现在应该更清楚了，显象属于作为现象的存在本身。究其强
力而言，作为显象的存在并不比作为无蔽的存在逊色。显象在存
在者自身中与这个存在者自身一同发生。但是，显象不仅使存在
者本身显现为存在者本来不是的东西，它在展示自身作为存在时，
不仅是存在者的伪装，而且它这样做时还掩盖了自己本身就是显
象。因为显象根本就是在掩盖与伪饰中将自己本身伪装起来，所
以我们就可以正当地说：显象是迷惑的。这一迷惑就在于显象本
身。正因为显象自身就迷惑，它才能够迷惑人，并由此使人陷入幻
觉状态。以诸多不同的方式，我们人沉浮升降在这个由存在、无蔽
和显象环环相扣的三重世界中，而自我欺迷不过只是这其中的一

---

①　关于此句的传统德文译文为："Denn wer, welcher Mann wohl trägt mehr
Gluckseligkeit je davon, als soviel er zu haben wahnt，eh dem Wahn er entfallen"〈谁的
幸福会多于他在摆脱幻觉前所幻想的呢？〉。罗念生先生的传统中文译文为："谁的幸
福不是表面现象，一会儿就消失了"。参见《罗念生全集》第2卷，上海：上海人民出版
社，2004年。——译注　·

种方式而已。

在存在、无蔽和显象三者的环环相扣中,仿佛就有一个空间开显了出来,而我则把这一空间领会为谬误〈Irre〉。显象,迷惑,迷幻,谬误都处在一定的本质关系和历事关系〈Wesens-und Geschehensverhältnisse〉之中,这些关系很久以来就被心理学和认识理论曲解,使我们弄不清楚,因此,我们简直就不能在日常亲在的活动中,以一种相应的透视眼光来把这些关系体验和欣赏为一种强力。

希腊人将存在解释为φύσις。而我们需要首先弄清楚,为何在这一希腊解释的基础上且只能由此出发,不仅无蔽意义上的真理,而且作为绽放开来的自身展示的某种确定方式的显象,都必然地隶属于存在。

存在和显象休戚相关,而且作为休戚相关者,它们总是相依相靠。存在和显象也就在这种互相依靠中进行着由此到彼的更迭,并因而导致不断的迷惘〈Verwirrung〉,而由于这种迷惘,又导致出现谬误〈Verirrung〉和混淆的可能性。正因如此,在哲学的开端之初,也就是说当存在者的存在第一次开启之际,运思的首要目的乃是要安顿好存在进入显象的亟需,同时又要将存在与显象区别开来,而这样做复又要求,把作为无蔽状态〈Unverborgenheit〉的真理摆到其对立面的隐蔽〈Verborgenheit〉之先,把去蔽〈Entbergen〉摆到其对立面的、作为掩盖〈Verdecken〉与伪装〈Verstellen〉的遮蔽〈Verbergen〉之先。但是,当我们必须把存在对应于其他事物区别开来,并且把存在明确为φύσις时,我们也就将存在相应于不存在区别开来了,但同时也还进行的就是不存在与显象之间的区别。这两套区别并不叠合。

因为事情如此取决于存在，无蔽、显象和不存在，而人总是持守在自身开启着的存在中，它总是会从这般的持守出发来这样那样地和存在者发生关联，所以，人的面前必然就有三条道路。如果人应当在存在之光照中承受其亲在，那么，人就必须使这个存在到位；必须得忍受这个存在处在显象中并且反对显象；必须从不存在的渊基那里同时将显象与存在抢夺出来。

人必须区别这三条路并且相应地做出决定，究竟是赞同还是反对？关于这三条道路的开辟和铺展就是哲学开端之际的运思之事。此一区别〈Unterscheiden〉就把人作为一个知者置于这些道路上，置放到它们的交叉口前，并因此置入不断地去分－择〈Entscheidung〉中。历史根本就是从此分－择开始。在此分－择中而且仅仅在此分－择中，甚至关于诸神的事务都已被定夺〈entschieden〉。［据此看来，分－择在这里的意思就不是指人的判断与选择，而是指上面所讲的存在、无蔽、显象、不存在的合一中的区分〈Scheidung〉。①］

先前提到过的《教诲诗》中的巴门尼德哲学，是流传给我们的最古老的对这三条道路所进行的开辟。我们靠引录《教诲诗》的一些残篇来标画出这三条道路，在此要想进行一种充分的解释是不可能的。

残篇 4 的译文如下：

---

① 我们须注意在此段话中海德格尔有意强调的"Unterscheiden"〈区别〉，"Entscheidung"〈分－择〉，"entschieden"〈定夺〉，"Scheidung"〈区分〉等德语词之间的字面关联。——译注

来吧！我告诉你,你要谛听:我的话说的是什么,

应当紧盯住哪些路才是追问的必由路径?

一条路是:如何是(存在所是的东西),而不存在又如何(是)不可能的。

这是确信的途径,因它追踪无蔽。

另一条路则是:如何不是,而且不存在如何也是必然的。

我告诉你,这是一条根本就不能去谈起的足径,

你既不可能与不存在相熟相识,因为它根本就不可以荐授,

你也不能把它在词语中指出。①

这里首先就摆着两条相互尖锐对立分离的道路:

1)通向存在之路;这同时就是进入无蔽之路。这条路是无可商量的。

2)通向不存在之路;这诚然是不能行走的,但也正因如此,它必定不可升格为知,而且因此也就引向了不存在。残篇同时向我们提供了最古老的哲学证物,证明虚无之路必须要和存在之路一道,才可以得到真切的思考。如果有人因为确信无显然什么都不是而对无弃之不顾的话,那么他就错解了对存在的追问。(然而,从虚无根本就不是某种存在者这一点,绝不可以排除它以它自己的方式隶属于存在。)

然而,在细想上述两条道路时,又可辨析出有第三条道路在其中,这条道路以某种特有的方式与第一条道路对扬,即此第三条道

---

① 　按照英译者的说法,通常译文在这段中往往用"真理"而非"无蔽",用"全然不知"而非"根本就不可荐授";用"不实用"而非"不能指出"。——译注

路看似好像第一条路,但它却不引向存在。于是,这第三条道路又给人以假象,似乎它仅仅就是一条通向无的意义上的不存在之路。

残篇6首先把在残篇4中指出来的两条道路,即通向存在与陷入无的两条道路,绝对地对立起来,但同时,它又指出有一条第三道路与那陷入无的,不可通达的,因而是绝望的第二条路相对立。

"亟需处理的不仅有拢聚着的置放活动,也还有闻讯:在其存在中存在着;

因为存在者有存在;不存在则无'在';这就是我要你牢记在心的。

你首须避开这一条追问途径。

然后你还要避开另一途径,这条路明显是那些无-知的人,那些首鼠两端者设想出来的;

因为彷徨无绪,

就是他们在其迷惘询问中的标尺;但他们则又被抛掷得颠来倒去,

又蠢又瞎,无所适从,这帮家伙,就是些毫无判别力的群氓。

这些人的信条就是:现成者与非现成者同一又不同一;在他们眼中,路径原本说来都在相反的方向中运行。"①

现在所指出的道路是在显象意义上的δόξα之路。在这条路上,存在者看起来一会儿是这样,一会儿又是别样。总之在这里当道的只是看法。人们在看法之间滑来滑去,这样就把存在与显象

①　按照英译者,传统译文将此残篇首句译为"必须这样来说和这样来想:存在者存在着";将最后一句译为"这些人相信,存在的和不存在的既相同又不相同,所有的道路都走向返回"。——译注

完全混淆了。

人们长年在这条路上行走，结果就完全迷失在这条路上。

正因如此，我们就更加需要认清这条路本身，这样才可以将存在在显象中，而且将之作为显象的对立面揭露出来。

依照上述的理解，我们在残篇Ⅰ的第 28-32 行见到关于此第三条道路以及将其归入第一条道路的提示：

"……但（如今踏上了通向存在之路的你）也需要经历一切：

既有对那圆满无缺的无蔽的不可动摇的心念，

又有那习惯于对无蔽不抱任何信任的凡人看法。

但在做到这一切时，你仍要懂得，那显象者如何保持，

通过显象，（按它自己的方式）遍历一切而又共同完成一切。"

第三条路就是显象之路，在此道路上，显象作为隶属于存在的东西被经验到。对希腊人来说，上面引述的这段话有着一种源初的震撼力。存在和真理都从 φύσις 中汲取其本质。显象者的自身显示直接就隶属于存在，而且又（在根据上说还是不）不隶属于存在。因此，闪现〈Scheinen〉就不得不同时被作为单纯的显象〈Schein〉被摆置出来而且被一再地摆置出来。

这条三岔路给出了这条在自身中统一的指示：

通向存在之路是无可商量的。

通向虚无之路是不可通达的。

通向显象之路一直可通达,我们正在走,但要绕弯。

因此,真正有知的人不是那盲目地在某个真理后面亦步亦趋的人,而只能是那通常知道所有这三条道路,即存在之路,不存在之路与显象之路的人。每一次知都是卓越,而且卓越的知,只被赋予这样的人,他在存在之路上经历过狂风骤雨,他对第二条通向无之深渊的道路的惊骇亦不陌生,然而,他还踏上了第三条路,显象之路,这常常是亟需的。

希腊人在其伟大时代里称之为τόλμα〈大胆〉的东西就是这样的知。他们尤其敢于把这种知同存在、不存在、显象联在一起,也就是说,敢于使亲在超出自身,进入存在、不存在和显象的分－择中。正是从这种走向存在的基本立场出发,希腊人中的最伟大诗人之一,品达(《涅墨亚竞技胜利者颂》Ⅲ,70)吟诵道:ἐν δὲ πείρᾳ τέλος διαφαίνεται:芸芸众物,岁月峥嵘,臻臻露相分,止于置立与自立,何者焉? 存在。[①]

这里是同一个基本立场在说话,这一基本立场在前面所引述的赫拉克利特关于πόλεμος〈斗争〉的话语中就已经表露无遗。对－峙就是说,不单纯是争吵和分歧,而且还是勇者的战斗,这一战斗使本质的东西与非本质的东西,使高尚的东西和低下的东西有了界限,并使它们显露出来。

令人惊叹无比的不仅仅是这一走向存在的基本立场得到愈发的确信,而且同时还出现了这一立场的言辞充满与凿凿有据。

赫拉克利特说:"φύσις κρύπτεσθαι φιλεῖ〈自然喜爱隐藏起

---

① 　按照英译者,传统的译文为:"目标物在历验中闪耀始终"。——译注

来〉"，即存在［绽放开来的现象］喜欢隐藏自身。让我们用这句话来对存在与显象的对立，同时也是统一的情况作一澄清式的总结。因为存在就叫：绽放开来的现象，从隐蔽状态中走出来，所以隐蔽状态，从隐蔽状态中源生出来，本质上就都隶属于存在。这一源生就立基于存在之本质中，立基于如此这般显现着的东西的本质之中。无论这个存在是处于巨大的隐藏和沉默中，还是处在肤浅的伪装和掩盖中，它总是倾向于返回到这个源生处去。φύσις〈自然〉与κρύπτεσθαι〈隐蔽〉之间的毫无间隔的切近，就显露出存在和显象之间合一的既内在亲密而又相互抗争的关系。

最初是希腊人争得了"存在与显象"的区分。如果我们在这一尚未减弱的区分力量中来领会"存在与显象"这个公式化了的名称的话，那么不仅存在相对于显象的区别和划界可以得到理解，而且，此一区别与划界内在地归属于"存在与变化"的区分也就同时可以理解了。那保持在变化中的东西，一方面已经不再是无，但它也还尚未是那被规定要去是的东西。按照此"已不再而又尚未"的情况，变化就还一直被不存在贯穿始终。然而，这又绝不是纯粹的无，而是那既不再是这个，而又尚未是那个，并且作为这样的东西它又总是某个别的东西。这样一来，它就看起来一会是这样，一会又是那样，它就总给人一种在自身中不定的外观。这样看来，变化就成了存在的一种显象。

于是，在一开始推断存在者的存在时，变成一定是和显象一样，被置放在存在的对立面。但另一方面，作为"绽放开来"变成却又隶属于φύσις。如果我们以希腊的方式来领会这二者，即：变成就是进场和离去；存在就是绽放着的闪亮在场，不存在就是缺席不在场，那么,这个绽放与凋落的交互关系就是现象,就是存在本身。正像变成就是存在的显象一样,显象作为现象就是存在的一次变成。

由此,我们已经可以看出,无论是把存在与显象的区分追溯到存在与变成的区分,还是反过来追溯,都还太性急了一些。因此,我们目前还必须一直追究这两种区分之间的关系问题。对这个问题的回答取决于存在者的存在在其中在将起来的那个根基的源初性、广阔和深邃程度。其实哲学在其开端时,也并没有固定在个别的几条命题上,倒是后来对哲学史的叙述挑起了这一印象。这些哲学史的叙述的方式是资料搜集整理,也就是说,对大思想家的意见与看法进行某种描述。但是,可以确定的是,谁一旦去探听和搜索这些大思想家的看法与观点,在他尚未搞出什么名堂之前,也就是说,在其尚未提出什么哲学公式或招牌口号之前,他就已经陷入抓瞎和步入歧途了。希腊人的思想与希腊人的亲在为之奋争的目标就是在存在与变成、存在与显象这些伟大强力之间进行择断。此一对－峙势必会将思想和存在的关系发展成某种确定的形态。这就意味着:在希腊人那里,关于第三种区分的安排也已经做好了准备。

3. 存在与思想

关于"存在与思想"的区分,这在西方的亲在过程中有着权威性的主宰地位,这一点已经多次指出过。此区分的优先地位必定在本质中有其根据,而这个本质就是这一区分借此从前面所说的其他两个区分那里,也从那第四个区分那里脱颖而出的东西。因此,我们打算从一开始就指出它的特点来。我们首先将此一区分和前面已讨论过的两种区分做一比较。在前两种区分中,那站在存在对立面的有差别的东西是从存在者自身出发来到我们面前的。我们在存在者的范围内发现这一存在者。在存在者本身中,我们不仅遇到变易,而且也遭遇到显象(譬如有升降起落的太阳,那种常说的插在水中的棍子,显现为折断,以及许多诸如此类的东西)。变易和显象仿佛与存在者的存在处于同一层面上。

在存在与思想的区分中,情况是相反的,思想现在是在与存在相对立的情况下被划分出来。它不仅在内容上不同于变易与显象,而且对立的方向也是一种在本质上不同的方向。思想与存在的对立情况是这样的:存在在思想面前被置前－表像出来〈vor-gestellt werden〉,从而像一个对－象〈Gegen-stand〉那样站在对面。这样的情况在前面两种区分中是没有的。由此也就可以看清楚,为什么这一区分能够达到一种优先地位。这种区分之所以强势,就在于它不是置身于〈sich stellen〉其他三种区分之间和之中,而是在这三者面前表像出来〈sich vorstellt〉,并且使它们置放到－自己－面前〈vor-sich-stellend〉,仿佛是在作一番调整〈um-stellt〉。这样,思想就不只是随便怎样不同种类的区分中的一个对立方面,而是成为这样的一个地基与立足点,由此出发,对站在对面的对立者进行择断,而且这样下去,存在完全就是从思想方面来获取其意义解释的。

与我们的任务有紧密关系的此一区分的意义究竟为何? 这必须按照此方向来加以评估。因为我们归根到底是在问:存在的情形如何? 它如何以及从什么地方出发被携往其本质中站立,被领会与把握，被设为判准式的东西。

　　存在与思想这一区分在此似乎无足轻重，但我们必须在这一区分中认识到那个西方精神的基本态势，而这才是我们真正的攻击目标。唯有在源初状态中，这一基本态势才会得到克服，也就是说，将它开始时的真理引入到它本己的界限之中去，并因此使它重新得到奠基。

　　从我们的追问进程目前所处的方位来看，我们还可以去展望一种不同的追问。我们先前曾指明，"存在"这个词不同于通常流行的俗见，它具有某种完全被限定的意义。这就是说，这个存在自身在某种确定的方式上被领会。它作为如此被领会的东西向我们敞开。但是，任何领会作为敞开的基本方式必定沿循某种确定的视线轨迹运行。譬如这个东西，这台座钟究竟是什么？除非我们事先就已经知晓了诸如什么是时间，什么是时间计算，时间计量等等，否则我们就会对之懵然隔膜。观视的视线轨迹必须事先就已开通。我们将之称为前－视轨迹，"观视角度"〈Perspektive〉。这就表明：这个存在不仅不会在不确定的方式中被领会，而且这个存在之确定的领会本身就是在一种已经确定的前视轨迹中运行的。

　　我们在这条路轨上来来去去，溜进溜出，已然娴熟自如，以至于我们根本就不知还有此轨，也不在意和理会哪怕是对它仅仅作一发问。前视与概观承担并指引着我们对存在的全部领会，我们沉浸[且不说迷失]于其中，这一沉浸的力道如此之强，同时沉隐的程度如此之深，就连希腊人都不能将这一前视轨迹本身照亮，而且这种不能照亮（不是因为不愿意），是有着本质性的原因。希腊人的存在领会已经在此前视轨迹上运行，而存在与思想之区分的展开就在本质上参与着这一前视轨迹的开拓与加固。

尽管如此,我们并没有把这一区分放在第一位,而是摆在了第三位。就像对待前面的区分一样,我们想先试试以同样的方式把这一区分的内容搞搞清楚。

让我们重新从对这个现在立于存在对面的东西的一般性刻画开始。

何谓思?常言道:"人主思而神主命"。思在这里的意思是:去构想这个那个,计划这个那个。而对这个那个去思去想就是说:对之未雨绸缪。"想作恶"的意思就是:图谋不轨。思念某物的意思是:对之不能忘怀。思在此的意思是怀念与想念。我们还会用到这样的说法:用心去想某事,这是说,对之进行描画和想象。还有的人会说:我想这事儿八九不离十,这是在说,这事儿在我看来就是这样的;我的看法和意见就是如此。在强调的意义上,思的意思是"反-思",深切思虑地权衡某事,权衡某种局势,某个计划,某个事件。"思想"这个词也可用作我们称之为"思想家"的工作和作品的名称。虽然所有的人都思想,在这一点上我们区别于禽兽,但并非人人都是思想家。

从这样的语言使用中我们得到了什么?思想既涉及未来之事,也涉及过去之事,还涉及当今之事。思想把某物呈送到我们面前,表像它。这一置前-表像活动每每由我们发起,尽管这是一番自由的支使与支配,但它绝非随心所欲,而是一种受到约束的支使与支配,这也就是说,通过这一经由约束的支使支配,我们以置-前表像的方式对表像出的东西进行思考与思索,这样我们就对事物进行剖析,先将之分解,然后再把它们聚合起来。但是,在思想时我们不仅是从自己出发,把事物置放在我们面前表像它,也不仅仅是为了将之分解而对之进行剖析,相反,我们还在反思中追踪那表像出的东西。我们并不是简单地接受它那碰巧正好落给我们的样子,而是要自己上路,用我们的话来说,就是要来到事情的背后,在那里我们才会体验到事情的究竟是怎样的。我们从此事情的究竟中得到某个概念。我们在寻求一般。

从上面列举出的关于人们通常所说的"思想"的特性中,我们先突出三点:

1)"从我们出发"的置前–表像活动是一种独特的自由行为。

2)置前–表像活动以剖析–联结的方式来进行。

3)对一般进行表像式地把捉。

按其表像活动之运行的领域之不同,按其自由的程度之不同,按其剖析的锐利精准之不同,按其把捉的丰盛广度之不同,思想就变得要么肤浅要么深刻,或者空洞或者丰满,散漫无羁或强制拘谨,儿戏一般或庄重严肃。

然而从这一切中,我们还远远不得而知,为何恰恰是这个思想应当来到那个前面所提到的通向存在的基本态势中。思想和追求、愿望、感触并列,是我们的能力之一。在所有的能力与行动方式中,我们都在和存在者关联交道,而并不仅仅是在思想中才这样,这一点没有疑问。但是,"存在与思想"之区别的含义要比仅仅和存在者关联更加根本。此一区别是从得到区别者与已分离出来者的一种初始地、内在地归属于存在自身这回事情中发源出来的。"存在与思想"这个名称所指称的区别仿佛就像是应存在自身的要求而设的。

从我们迄今所引述的用来刻画思想的东西出发,无论如何也看不出有思想对存在的这样一种内在隶属。为什么看不出来? 因为我们还没有赢得思想的充足概念。那么,我们可以从什么地方弄到这样一个概念呢?

如果我们这样发问,就好像千百年来根本没有过"逻辑"似的。逻辑是思想的学问,讲的是思想的规则与所思物的形式的学说。

此外,逻辑还是一门在哲学框架下的学问与学科,在那里,诸种世界观的观点与倾向几乎不起作用或者毫无立锥之地。再说逻辑还被公认为一门可靠与可信之学。自古以来它教授的是同一套东西。诚然也会时有某一学者对这个独一无二的流传下来的教程做些结构和顺序方面的调整;而另一学者会删除这一条款和那一条款;还有学者会从知识论出发来进行增补,更有学者会从心理学出发来为一切建基。但从总体上看,这里是一片祥和。逻辑为我们消除了要去费心费力追问思想之本质的一切辛劳。

不过我们在这里还是要提一个问题:什么叫"逻辑"? 这个名称是对ἐπιστήμη λογική〈智识之学〉的一种简化称谓,即关于λόγος的学问。而λόγος在此的意思是命题陈述。但逻辑本应是讲思想的学说,怎么就成了命题陈述之学了呢?

为什么思想要由命题陈述来规定? 这完全和根本就不是不言自明的。我们在前面诠释思想时就丝毫没有涉及命题陈述与言谈。唯有当对思想本质的思考被当作是对λόγος的思考来进行并将之变成逻辑学时,这种思考才会成为一种完全特别的思考。"逻辑"和"合逻辑的"根本就不是什么好似完全别无其他可能选择的那些对思想的规定方式。另一方面,关于思想的学问变成了"逻辑学"，这也绝非一个偶然的事件。无论怎样纠缠，旨在通过诉诸逻辑来界定思想的本质，这已经是颇成问题的，因为逻辑本身一直就是件可存疑的事情，这不仅是专门就它的教程和理论而言。正因如此，"逻辑"一词必须要加上引号。这样做并非因为我们要否认那"合逻辑的"东西（在正确的所思出者的意义下）。恰恰是为了服务思想，我们才试图去赢得那思想的本质由之而得到规定的东西，那就是ἀλήθεια〈去蔽〉与φύσις〈自然〉，即作为无蔽的存在，而这个东西，又恰恰是那被"逻辑"在它的进程中弄丢了的东西。

　　逻辑在今天也还主宰着我们的思想和言说，而且，它从很早起就在对语言的文法结构并从而对西方关于语言之一般的基本态势的规定方面起到过本质性的作用。这个逻辑究竟是从什么时候开始有的呢？这个逻辑是什么时候开始形成的呢？伴随着希腊哲学走向终结，逻辑就变成为一件学院之事，组织之事与技术之事了。自从ἐόν，即存在者的存在，作为ἰδέα显现出来，而且它作为理念变成为ἐπιστήμη〈智识〉的"对－象"之际，这件事就开始了。逻辑是在柏拉图亚里士多德学派的学院活动的圈子里出现的。逻辑是学院教师的，而不是哲学家的一项发明。哲学家们也曾专精于它，但在那些地方，他们并非是出于对逻辑的兴趣，而是有着更为源初的动因和动机。由此，对克服传统逻辑做出决定性的巨大努力在三位德国思想家，而且是那些最伟大的思想家：莱布尼茨，康德和黑格尔那里出现，这也就绝不是什么偶然的事情了。

　　逻辑只有在存在与思想之间的区分已经实现之后，而且是以某种确定的方式并依照某一特别的视角实现之后，它才有可能作为对思想的形式构造之强调和对思想规则的罗列排序出现和存在。因此,逻辑自身以及逻辑史从来就不能够对存在与思想之区分的本质以及起源给出一套充足的阐释。凡是涉及逻辑自己的渊源以及它要求有权对思想作权威性论断的地方,逻辑都还需要得到解释与论证。逻辑成为学院教条的历史缘由以及其详细的发展情况,我们在此不多涉猎。相反,我们必须对下述问题进行思考:

1)为什么在柏拉图学园中,可能而且一定会出现诸如"逻辑"这样的东西?

2)为什么关于思想的学说曾经是一种在命题陈述意义上的关于λόγος的学说?

3)逻辑性东西的不断爬升的强势地位建立在什么基础上? 这一强势地位最后在黑格尔的下列语句中得到表达:"逻辑性的东西(是)真理的绝对形式,不仅如此,它还是那纯粹真理自身"。(《哲学全书》第 19 节,WW Bd. Ⅵ,29)[①]与"逻辑性东西"的强势地位相应,黑格尔有意把那一般都叫作"形而上学"的学说称为逻辑学。他的那本《逻辑学》与和通常类型的逻辑学教科书毫不相干。

思想在拉丁文里叫 intelligere〈睿智〉。这是 intellectus〈智性〉的事情。如果我们要克服唯智主义,要真正地与之斗争,我们就必须认得对手,这就是说,我们需要知晓,唯智主义只不过是一种酝酿已久,并且经由西方形而上学的手法改头换面而来的思想的优先地位在今天的某个已经相当寒酸的分店与余脉罢了。剪除

---

① 　参见黑格尔《小逻辑》,贺麟译,北京:商务印书馆,1980 年,第 64 页。译文略有更动。——译注

当今唯智主义的诸多赘瘤固然要紧,但这样做丝毫不能动摇唯智主义的地位,而且简直根本就未击中其要害。而恰恰正是在那些想要克服唯智主义的人那里,一直存在着堕入唯智主义的危险。对当今唯智主义做某种仅仅现今的反抗斗争,就使得那些对传统智性之正当使用的捍卫者们的出场带有了某种正当性的假象。这些捍卫者们虽然并不是唯智主义者,但他们和唯智主义者同出一源。但这种以退回到过去的方式所进行的精神之反动,部分是出于自然的惰性,部分是出于有意的推动,现在变成了政治上反动的温床。对思想的误解和对被误解的思想的误用都只能通过一番真切的与源始的运思来得到克服,除此之外,别无他法。要为这样一个真切、源始的运思奠立新的基础,首先就需要返归到追问思想对存在的本质关系的问题上去,但这也就是说,要求把追问存在的问题扩展开来。对传统逻辑的克服并不是说要废弃思想,让单纯的情感主宰一切,而是说要进行更加源始,更加严格和隶属于存在的思想。

在对存在与思想的区分作了这种一般性的刻画之后,我们现在要进一步确定地追问:

1)存在与思想的源始统一如何作为φύσις和λόγος的源始统一在将起来〈west〉?

2)λόγος和φύσις的源初分裂是怎样出现的?

3)λόγος怎样涌现和登场?

4)λόγος("合逻辑性的东西")怎样变成思想的本质?

5)λόγος作为理性与理智怎么会在希腊哲学的开端中成为对存在的统治?

依照先前给出的七条指要(参见前面第 83 页)我们来重新追究这一区分的历史渊源,亦即它的本质性的渊源。这样我们就会确定:存在和思想之间的分道扬镳,如果是一内在和必然的分裂,那么它就一定是基于被分开者的某种源初性的隶属关系。因此,对此区分的渊源问题的追问同时而且首先就是去追问思想对存在的本质性的隶属关系。

从历史方面来看,问题是这样的:这一隶属关系在西方哲学的决定性的开端中究竟是怎样的情况? 在此开端中思想是怎样被领会的? 希腊人关于思想的学说变成了这样一种关于 λόγος 的学说,变成了"逻辑",这可能会给我们一点点指引。事实上,我们遇上的是存在,是 φύσις 和 λόγος 之间的一种源初关联。我们必须要摆脱的只是这样的一种看法,即 λόγος 与 λέγειν 源初和本来就意指思想,理智与理性。只消我们还持这种看法,而且甚至把在后世逻辑的意义下理解的对 λόγος 的看法视为对其阐释的标尺,那么我们关于希腊哲学开端的重新开展就只能是一种无稽之谈。此外,这样也就永远不能看出:1)λόγος 到底凭什么竟能从存在者的存在那里分离出来? 2)为什么这个 λόγος 必须要规定思想的本质而且要把这个思摆到存在的对立位置上去?

现在就让我们径直来到关键处并且追问:如果 λόγος 与 λέγειν 不是指思想,那么它们指的是什么? λόγος 指的是语词,言语,而 λέγειν 的意思是谈话。Dia-log〈对话〉是交谈,Mono-log〈独－白〉是独自说话。不过,λόγος 的意思原本不指言语,说话。这个词的意思与语言没有直接关系。λέγω,λέγειν,拉丁文叫 legere,它和我们德文的"lesen"〈采选，阅读〉是同一个词：Ahren lesen〈拾麦穗〉，Holz lesen〈捡柴火〉，die Weinlese〈采摘葡萄〉，die Auslese〈精选〉；"ein Buch lesen"〈阅读一本书〉，这些都只是在本来意义上的"lesen"的变异。这里说的是：把一个东西放到另一个东西的旁边，放到一起，简言之，拢聚〈sammeln〉；而这样做的同时，这件东西就因和那件东西产生对照而凸显出来。希腊的数学们就是这样来用这个词的。收集钱币绝不只是随便堆在那里凸起的一堆。在"类比"（相应）这个语词中，我们甚至发现有两种含义交织在一起：一是源初的"关系"、"关联"；二是源初的"语言"、"言谈"。现在我们在说"相应"〈Entsprechung〉这个语词时，几乎不再会"相应地"〈entsprechend〉想到"说话"〈Sprechen〉，正如，反过来，当希腊人在用λόγος时，也还不曾而且并不必然会想到"言谈"与"说"。

荷马的《奥德修斯》中有一处，即 XXIV，106，可以被用来作为例子说明λέγειν的源初含义就是"拢聚"。此处说的是那些被杀死的求婚者们[1]在冥界遇到了阿伽门农的事；阿伽门农认出了他们并对他们说话：

"安菲弥东，究竟发生了怎样的灾难，使你们这些精英才俊，命赴黄泉？纵然寻遍整个城邦，有谁还能拢聚到（λέξαιτο）如此这般清纯高贵的小伙子？"[2]

---

① 这里应指荷马史诗《奥德赛》中的描述。奥德修斯离家 10 年未归，一些权贵子弟因此向其妻子珀涅罗珀纠缠求婚。他们后来被回家后的奥德修斯击杀。——译注

② 中译本参见《奥德修记》，杨宪益译，上海译文出版社，1979 年，第 304 页。——译注

亚里士多德在《物理学》(卷8，Ⅰ， 252 a13)说道：τάξις δὲ πᾶσα λόγος，"但任何秩序都有拢聚的特质"。

Λόγος这个词的源初含义最初同语言、语词、言谈毫无关系。我们现在尚不去追踪，这个词怎样从其源初的含义进到了具有说话与言谈的含义。我们在此只需回想一下，λόγος这个名称，即便在其早已有了说话与言谈的含义之后，依然还保有它的源始含义，因为它至今还有着"彼此之间的关系"的含义。

即使当我们考虑到λόγος的基本含义为采集⟨Sammlung⟩、拢聚⟨sammeln⟩，这对我们弄清楚下面的问题还远远不够：在希腊人心目中，究竟在何种程度上存在与逻各斯是合一而同一的？以至于它们后来可以互相分离，而且必须依照某些确定的根据进行这种分离。

只有当我们已经领会"存在"在希腊人那里说的就是φύσις时，我们才可能从指明λόγος的基本含义中得到些许指点。我们不仅是一般性地努力去理解希腊人所说的存在，而且，通过先前径直进行的将存在对应于变易，对应于显象而凸显出来的工作，存在的意义就越来越明显地被圈划了出来。

我们要将所说的这些永远不断地直接保留在心中。在这一前提下我们会说：存在作为φύσις就是绽放开来的存在力道。存在对应于变成，它显示自身为常驻，不断的在场。这个不断在场又对应于显象，它宣称自身为现象，为敞开出来的在场。

那么，逻各斯(采集)与作如此解释的存在有什么关系呢？不过我们首先依然要问，在希腊哲学开端中，究竟有没有讲过存在与逻各斯之间有这样的一种关联呢？当然有。我们将再次仰仗两位标志性的思想家:巴门尼德与赫拉克利特,并力求重新发现进入希腊世界的入口,因为这个希腊世界的基本走向,尽管不无遮蔽和扭曲,也经过移位和掩盖,但它毕竟还承载支撑着我们今天世界的基本走向。我们必须要重新反复地强调:我们的任务是要去铲除一个日渐衰老的世界而使之得到真正的新生,即去历史性地建设它。恰恰因为任重道远,征程充满风险,所以我们必须要了解传统。我们必须要比早先的一切时代,比在我们之前的一切变革时代都了解得更多,而且这种了解必须更加的严格和更加的负责任。因此,唯有最极端的历史性的知才能使我们直面这一任务的不同凡响,使我们免遭单纯复制与无创造性模仿的新一轮侵犯。

我们将从对赫拉克利特的解释着手,来论证在西方哲学开端时λόγος和φύσις之间的内在关联。

在最古老的希腊思想家中,赫拉克利特是这样的一位,他在西方历史进程中一方面遭到了最彻底的非希腊式的曲解,但另一方面,他在近代以及当代也曾为重新开显真正的希腊思想提供出了最强劲的冲击力。黑格尔与荷尔德林,这一对挚友,各自都以自己的方式站在了赫拉克利特所开创的伟大而富有成果的道路上。区别在于,黑格尔向后睥睨,意在了结;而荷尔德林往前观望,志在开启。尼采与赫拉克利特的关系则又是另一回事。巴门尼德与赫拉克利特对立的说法流行而不真,显然尼采成了这一说法的牺牲品。这也就是为什么尽管尼采一方面以某种手法重新把握了全部希腊亲在的伟大开端之时代,但另一方面他的形而上学根本就达不到关键问题处的本质性原因之一。唯有荷尔德林在手法上超过了尼采。

　　但是,对赫拉克利特的曲解是通过基督教出现的,这在早期教会的教父们那里就已开始,直到黑格尔,也都还一脉相承。赫拉克利特关于逻各斯的学说乃是《新约·约翰福音》序言中论及逻各斯的先导。逻各斯就是耶稣基督。因为赫拉克利特已经说到逻各斯,所以希腊人就直接站在了绝对真理,也就是说到达了基督教的启示真理门前了。前两天我收到的一本书,书中可以读到这样话:"随着真理以神－人的形态现实地显现出来,希腊思想家关于逻各斯支配着一切存在者的哲学认识就得到了确认。而这一证实与确认就奠定了希腊哲学的古典地位"。

　　根据这一广泛流传的历史说法,希腊人之所以是哲学的古典作家,是因为他们尚未成为成熟的基督教神学家。但是,至于赫拉克利特如何成为了约翰福音传教者的一位先驱,这要在我们听完赫拉克利特自己的话之后再来看。

　　让我们从两段赫拉克利特明确讨论λόγος的两个残篇开始。我们在译述中有意对λόγος这个关键词不加翻译,旨在从上下文关系中来获得这个词的意义。

　　残篇 1:"λόγος常驻不变,而人们却对之天生茫然(ἀξύνετοι)〈把握不住〉,既在他们有所听闻以前,也在他们初听乍闻之后。其实一切事物都κατὰ τὸν λόγον τόνδε〈按照这个逻各斯〉,即依据并由于这个λόγος而变成存在者;不过,他们(人)就像那些世故多多而不敢冒险的人一样,尽管他们对我说的话、做的事,都会来尝试一番,殊不知我做这些时却是κατὰ φύσιν〈按照自然〉,即依据存在来辨析每一件东西,说明它的举止样子。但还有一些人(另外的一些人,他们是众人,是οἱ πολλοί〈大众〉)则对他们醒时真正做的事始终晦蔽无知，一如他们对睡梦中所行之事，在醒后又重入晦蔽浑噩一样"。[1]

残篇2："因此必须要追随，也就是说，保持住存在者中的"在一起"；然而，λόγος就是这种在存在者中的"在一起"，当它本质性地在将起来时，众人们却视若无睹，平淡无奇，好像每个人又都有其自己独到的见解（意义）似的"。

我们从这两个断编残简中可得到什么呢？

关于逻各斯，这里说道：1）它拥有常驻性，持续；2）它作为存在者中的那个"在一起"，存在着的"在一起"〈das Zusammen des Seiend〉，作为拢聚者〈das Sammelnde〉在将起来；3）一切发生着的东西，即来到存在的东西，都依据它们的常驻的"在一起"，来此居停站立，而这就是那发作存在力道的东西。

在此关于λόγος所说的东西，精准地对应了这个词的真正含义：采集〈Sammlung〉。然而正如这个德文词的意思是1）拢聚〈Sammeln〉，2）会集〈Gesammeltheit〉一样，λόγος在此指的就是拢聚着的会集〈die sammelnde Gesammeltheit〉，就是源初的拢聚者。λόγος在此讲得既不是意义，也不是语词，不是学说，更不是什么"某个学说的意义"，相反，它指的是：那常驻的、在自身中发作

<hr>

[1]   按照英译者的说法，海德格尔的这段译文与传统译法不同的地方主要有：1）海德格尔将γιγνομένον译为"变成为存在者"〈zu Seiendem wird〉，而传统译文则只译为"变成"。2）Α πείροισιν传统译为"无经验的"、"不熟悉的"或"无知的"，而海德格尔将之译为"由于世故多多而不敢冒险"。3）海德格尔专门提出应将κατὰ φύσιν译为"依据存在"。4）残篇中有两个动词，即λανθάνω与ἐπιλανθάνομαι，传统译法分别译为"遗忘"与"晦蔽"，但海德格尔在这里都用"晦蔽"〈verbergen〉来翻译，显然，海德格尔这里是想突出这两个词之间的共同词根，即λεθε，以及这个词根与真理作为ἀλήθεια〈去蔽〉之间的关系。——译注

着存在力道的、源初性的、进行着拢聚的会集。

确实，从残篇1的上下文关联来看，似乎建议从语词与言谈的意义上来阐释λόγος，而且甚至要求将之作为唯一可能的阐释；因为言谈谈的就是人的"听"。这里有一段残篇，在其中λόγος与"听"之间的关联被直截了当地说出：

"如果你们听得不是我而是λόγος，那么智慧就是据此而说：一就是一切。"（残篇50）。

在此，λόγος的确就被把握为"可聆听的东西"。那么，这个名称除了指述说、言谈和语词，还会有什么别的含义吗？更何况在赫拉克利特的时代，λέγειν这个词不是已经被用在说话与言谈的意义之下了吗？

赫拉克利特自己就这样说（残篇73）："人不可以像睡着时那样行事和言谈"。

这里的λέγειν〈言说〉与ποιεῖν〈行事〉对峙，显然不能有别的含义而只能是言谈，说话。而同样如此的是，λόγος在那些关键段落中（残篇1与2）则指得既不是言谈，也不是语词。残篇50，这是一个看上去尤其要将λόγος说成是言谈的篇章，但如果正确地说，正是它给了我们一番指点，要我们从一个全然不同的方面来理解λόγος。

为了要清楚地看出与理解λόγος在"常驻的采集"之意义之下指的究竟是什么，我们必须对前面引述的诸残篇的关联联系做一更为精细的把握。

人与逻各斯对面而立，然而却是个把－握不住（ἀξύνετοι）逻各斯的家伙。赫拉克利特常用到ἀξύνετοι这个词（可首先参阅残篇34），这是对συνίημι其意思就是"拢聚到一块儿"的否定，即

ἀξύνετοι⟨把握不住⟩：人就是聚拢把握不住那东西的家伙！那东西是什么呢？就是逻各斯，这就是那常驻集聚的东西，就是那会集。无论我们人可能尚未去听还是早已听说过它，但人一直就拢聚不起，把－握不住这东西，无法将之一下子抓起来。紧接着的下句话说出了原意。人即便使用词语，使用ἔπεα⟨言谈⟩来尝试把握，他们也摸不透逻各斯。此处提到的当然就是语词与言谈，但它们却恰恰是和λόγος有别，甚至反对。赫拉克利特想说：人们固然在听而且听到词语，但在此听中他们不能"听到"λόγος，这就是意味着，要听到的不是像语词那样可以听的东西，不是像言谈那样的东西，而是λόγος。按照正确的理解，残篇50就恰恰证明了与一般人的解读结果相反的意思。这段残篇是说：你们不要死抠词语，而应当闻讯逻各斯。因为λόγος与λέγειν的意思已经是言谈与说话，然而这些都不是λόγος的本质。因此，λόγος在此是和ἔπεα，和言谈相对立的。与此相应，真切的听命⟨Hörig-sein⟩也和单纯的听以及四处打听正相反对。单纯的听总是稀稀落落地散落在常人的通常所想所说之中，散落在道听途说之中，在δόξα⟨意见⟩中，在显象中。但真切的听命根本就与耳朵与嘴皮功夫毫无关系。相反，它说的是在λόγος的所是面前，即在存在者自身的会集面前从命行动。只有当我们已经是听从者⟨Hörige⟩，我们才能去听真理。但这一听从⟨Hörigkeit⟩与耳朵根子没有任何关系。非听从者，无论他先前已经用耳朵听过了还是根本就还没有去听，都从一开始就永远和λόγος相距遥远，阴阳两隔。而那些仅仅去用耳朵到处"打听"并四处传播所听所闻的人，则是而且永远都是ἀξύνετοι，把握不住者。这些人是什么样的人呢？残篇34说了：

"这些拢聚不住那常驻在一起的东西的人,是像聋子一样的听者〈Hörende〉。"①

他们的确是在听着词语和言谈,但却是与他们应该听到的东西封闭隔膜。有句俗语将这种人是何许人一览无余:缺席的在场者。他们即在即离。这些人多半是在哪儿呢? 在那儿的同时又离开了何方? 残篇 72 给出了回答:

"对于 λόγος,那个须臾不可离的东西,他们背身而去;对于那个天天与之打交道的东西,他们显得疏远陌生"。

Λόγος 就是那个人不断所在之处,又是那个人从之离去之处,既缺席又在场:人就是 ἀξύνετοι,那些把－握－不住者〈die Nicht-be-greifenden〉。

如果人的确是听着词语但又抓不住〈nicht fassen〉λόγος,那么,人的把握不到〈Nichtgreifen〉与不－能－把握〈Nicht-begreif-en-können〉又是出于什么缘故呢? 人在何处而又从何处离去? 人不断地和存在发生瓜葛,而却又对此疏远陌生。通过与存在者恒常不断地关联交道,人与存在发生瓜葛;而又因为人根本抓不住存在,相反却以为存在者仅仅只是存在者而已,绝无其他。所以,人就背离存在而去,这样,存在也就对人陌生。他们虽然醒着(涉及存在者),但存在却始终对他们隐匿。他们睡着了,而且甚至他们正在这里做梦这件事情,复又对他们消失不见。他们就这样在存在者中飘荡不定,总是把唾手可得的东西认为是要去把握的东

---

① 需要注意,海德格尔这里区分听命〈Hörig-sein〉的听从者〈Hörige〉与听者〈Hörende〉。——译注

西;于是,每一个人都总是只有其手边可抓住之物,这个人捞到的是这件,那个人捞到的是那件,每人的见解都出于一己之私,都是一孔之见。这种一孔之见就阻碍了人们先行去正确地把握那在自身中集聚的东西,使人们被夺去了去听命并因而去听的可能性。

Λόγος就是常驻的采集,就是在自身中站立的存在者的会集,即存在。所以,在残篇 1 中κατὰ τὸν λόγον和κατὰ φύσιν是同一的。Φύσις和λόγος是同一的。Λόγος标示出用一种崭新同时却又古老的观点来看待存在:那存在着的东西,那在自身中恰到好处而又轮廓分明地站立着的东西,就是那在自身中并从自身出发被拢聚的东西,就是在这样的采集拢聚中保持着自身的东西。这个ἐόν,存在者,按其本质就是ξυνόν,拢聚的在场;ξυνόν的意思并不是指“一般的”,而是指会集一切自身者并保持其在一起者。这样的ξυνόν,例如按照残篇 114 的说法,就是为πόλις〈城邦〉而设的νόμος〈礼俗〉;就是法章[置放到一起的设置],它是πόλις的内在的榫接铆合,而不是一个一般,不是那种凌驾乎一切之上而又抓不出其中任何一个的一般,相反,它是纷然杂陈、芸芸生发者之源初合一的统一。各执一孔之见,ἰδία φρόνησις〈私见〉,始终使得λόγος封闭隔膜,这说的就是总执着在此一面或者彼一面而以为其中有真。残篇 103 说道:“在圆周线上,起点与终点是同一的,它在自身中拢聚。”而在此若要把ξυνόν〈拢聚的在场〉把捉为那个“一般”,就荒谬之极了。

对固执己见的人看来,生就只是生,死就只是死。但是,生的存在同时就是死。每一个东西,在其步入生命时就已开始死亡,开始走向它的死,死即是生。赫拉克利特在残篇 8 中说:“互相排斥对立者,在自身中就含有来往交错,此起彼伏,它从自身拢聚自身。"那相摩互荡者就是拢聚着的会集,就是λόγος。一切存在者之存在就是那最闪亮闪耀者,也就是那最美者,是那在自身中的恒常。希腊人心目中的"美"就是约束。相摩互荡之最高形态的集聚〈Versammlung〉就是πόλεμος〈斗争〉,这就是前面谈过的分－合－对峙的意义上的斗争。对于我们今天的人来说,美却反过来被规定为轻松的、安宁的,因而是为了享受而设定的东西,而这样一来,艺术就成了甜点师傅的辖区。至于艺术享受到底是为满足鉴赏与审美的品味兴趣,还是为了提升心灵的道德境界,在此并没有什么本质上的区别。在希腊人看来,ὄν〈存在着的〉和καλόν〈美的〉说的是一回事[在场就是纯粹的闪现]。而美学的意思却别有所指;美学像逻辑学一样古老。对美学来说,艺术就是在令人喜欢和讨人喜爱的东西的意义上对美的事物的表达。但艺术却是存在者之存在的敞开。我们必须从一种以源始方式重新获得的、向着存在的基本态势出发,来使"艺术"这个语词以及这个语词所指称的东西获得一种新的内涵。

让我们再特别地指出两个有关联的、迄今尚未突出出来的隐含要点,藉此我们来结束对赫拉克利特所思考的逻各斯本质的刻画。

1)无论道说还是聆听,只有当其先在自身中已指向存在,指向逻各斯,它才是正确的。只有逻各斯自身敞开之处,语音才会变成语词。存在者的存在自身敞开,只有在这种自身敞开的存在被闻讯了,单纯的四处打听才会变成聆听。但那些抓不住λόγος的人,ἀκοῦσαι οὐκ ἐπισπάμενοι οὐδ' εἰπεῖν,"既不懂怎样去听,也不会怎样去说"（残篇 19）。他们不能够使他们的亲在立于存在者的存在之中。只有那些能够做到这一点的人，诗人与思想家，才掌控语词。而其他的人，都还只是围着他们的一孔之见和无知跟跄乱撞而已。他们仅仅让那些正好在路上遇到的东西，那些奉承恭迎他们和他们所熟知的东西发挥作用。他们就像狗一样，κύνες γὰρ καὶ βαΰζουσιν ὧν ἂν μὴ γινώσκωσι，"因为狗也会对着它不认识的任何人吠叫"（残篇 97）。他们是驴子：ὄνους σύρματ' ἂν ἑλέσθαι μᾶλλον ἢ χρυσόν，"驴子宁要草料不要黄金"（残篇 9）。他们四处追逐存在者，然而存在却始终对他们隐蔽不现。存在不可捉摸，无法品尝，听不见也嗅不着。但存在全然不同于仅仅是雾霭和烟气，εἰ πάντα τὰ ὄντα καπνὸς γένοιτο, ῥῖνες ἂν διαγνοῖεν"如果所有的存在者都化成了烟雾，鼻子也会将它们一一分辨出来"（残篇 7）。

2）存在作为逻各斯就是源始意义上的采集，而不是那种在其中每一石块都无关紧要的乱石堆积。正因如此，尊位与主宰归属于存在。如果存在要自身展开的话，它自身就一定要有位阶，而且会按位阶行事。赫拉克利特之所以要谈到狗与驴子之类的这许多东西，就是在标画这样的姿态，而这一姿态从本质上隶属于希腊人的亲在。如果今天的人们还时不时地会对希腊人的城邦事务特别热衷，那么就不该对这个方面置之不理，否则，城邦这个概念就会变得有点索然无味和成为放纵情感的事情了。位阶愈高，力道愈强。因此之故，这个存在，这个逻各斯，作为拢聚起来的谐调共音，并不是每个人出相同的份子就都可以轻易入场参与的大合唱，相反，它是隐藏晦蔽，它反抗那种总只是滥竽充数，消除紧张和扯平一切的合唱共鸣。Ἁρμονίη ἀφανὴς φανερῆς κρείττων,"这个不(直接而干脆)展现的协调要比那(永远)显而易见的协调更加强有力"(残篇 54)。

因为这个存在就是λόγος,是ἁρμονία〈和谐〉,是ἀλήθεια〈去蔽〉,是φύσις〈自然〉,是φαίνεσθαι〈现象〉,所以它恰恰不是随意地展示自身。真不是对每一个人皆然,而是只对强者而然。正是着眼于存在的此种内在优越性与隐蔽境界,赫拉克利特才会讲出下面这些令人惊讶的话,而这些话,正因为看上去不大像是希腊人口气,却道明了对存在者的存在的希腊经验之本质:ἀλλ' ὥσπερ σάρμα εἰκῆ κεχυμένων ὁ κάλλιστος κόσμος,"最美丽的世界就像是一堆杂乱抛弃的垃圾"(残篇 124)。

Σάρμα〈杂乱〉是与λόγος相反的概念,而与被丢弃相对立的是自身持立;与会集相对立是堆成一堆;与存在相对立是非存在〈Unsein〉。

流行的对赫拉克利特哲学的描述喜欢将其概括成这一句话:πάντα ῥεῖ,"一切皆流"。如果这句话真的出于赫拉克利特之口,那么,这句话并不是说:万事万物都只是你来我往,交织变幻,纯粹无常。相反它说的是:存在者的整体在其存在中总是被从一个极端到另一个极端,来回抛掷,而存在就是这种无休无止的对立翻转状态的会集。

如果我们领会到λόγος作为采集与会集的基本含义,那么,这里应当确定和坚持的就是:

采集绝不是单纯的凑在一起,堆成一堆。采集乃是把纷然杂陈与互相排斥者留居在一种休戚相关之中。采集不容这些纷然杂陈与互相排斥者沦落散乱,终遭遗弃。Λόγος作为这样的留居就具有那种强力威临、统辖四方的品格,这也就是φύσις品格。采集并不把那被强力统辖者消解在空空如许的无对立状态中,而是从那些相互争逐者的合一出发,将之保持在两军对阵、千钧一发的最高紧张状态。

至此,我们可以简略地回到下面这个问题上去了,即基督教的逻各斯概念,尤其是《新约》中的逻各斯概念究竟是怎么回事? 为准确描述起见,我们在此必须还要在《马太福音》,《马可福音》,《路加福音》三福音书与《约翰福音》之间作出区分。但大体我们可以这样说:在《新约全书》中,逻各斯的意思自始就不像在赫拉克利特那里一样,说的是存在者的存在,是相互争逐者的拢聚。相反,逻各斯指的是一个特殊的存在者,即上帝之子。这个上帝之子又扮演着上帝与人之间的中介的角色。《新约全书》对逻各斯的这种想法和斐罗所建立起来的犹太宗教哲学的想法是一致的。在斐罗的创世说中,逻各斯被规定为μεσίτης,即中介。中介怎么会是逻各斯呢? 因为λόγος在《旧约全书》的希腊文译本(Septuaginta)[①]中是用来命名语词的,而且,这是在指命令,戒律这样的确定意义之下的“语词”;οἱ δέκα λόγοι的意思是上帝的十条戒律(Dekalog〈十诫〉)。所以λόγος的意思是:κῆρυς〈布道者〉,ἄγγελος〈天使〉,宣示者,信使,戒律与命令的传达者;而λόγος τοῦ σταυροῦ说的就是从十字架来的语词。从十字架来的布道就是耶稣基督自身;

---

　　① 史称《七十士译本》,是《圣经旧约》最古的译本。约译于公元前3-前1世纪。因译者共有70人之多,故得此名。英文用拉丁名“Septuaginta”,或用罗马数字LXX。因译本出于埃及的亚历山大城,故又名《亚历山大译本》。——译注

耶稣基督就是拯救的逻各斯,永生的逻各斯,λόγος ζωῆς〈永恒的逻各斯〉。这是一个与赫拉克利特截然不同的世界。

我们曾经尝试提出在λόγος与φύσις之间有着本质性的相属关系,而我们的意图就是要从这种统一性中去把握两者区分的内在必然性和可能性。

然而此刻,面对我们对赫拉克利特的逻各斯做出的刻画,人们难免要提出异议:既然逻各斯与存在自身的本质相属关系在这里如此地根深蒂固,那么,从φύσις与λόγος的这种统一与自一性中,又如何会产生出作为思想的逻各斯对峙于存在的情况呢?这是个完全值得发问的问题。的确,这是一个问题,对这个问题我们切切不要想得太容易,尽管作如此想法的诱惑力不容小觑。但现在我们只能说:如果φύσις与λόγος之间的统一性是如此的源始,那么,它们之间的区分也必定相应就是源始的。如果说存在与思想的这一区分,与前面所说的两种区分相比,还会有其他的样式与其他的安排,那么此处的分道扬镳也一定是别具一格的。因此,正如我们在阐释λόγος时要摆脱后来的一切扭曲,要从φύσις的本质来领会它一样,我们也一定要尝试努力,对φύσις与λόγος之间的这一分道扬镳的情况用一种纯粹的希腊方式去理解,也就是说,重新从φύσις与λόγος出发来理解。因为,当我们面对φύσις与λόγος,存在与思想之间为什么会分道扬镳与对立这个问题之际,我们比在阐释φύσις与λόγος之间的统一性时,要更加直接与顽固地处在近代误解的危险之下。何以言之?

当我们确定存在与思想之间相互对峙而立之时,我们就在一种流行的格式中运作了。存在是客观的,是客体。思想是主观的,是主体。思想对存在的关系是主体对客体的关系。人们认为,希腊人在哲学的开端之际,因为在知识论方面还没有足够的训练,所以他们在思考这种关系时还相当简陋原朴。于是,在存在与思想的对峙而立的情况中,人们找不到有什么需要思索的东西。但我们必须要追问。

Φύσις与λόγος间的分道扬镳的具有本质规律性的进程是怎样的?为了要看清这一进程,我们必须要比以前更加清晰地把握φύσις与λόγος之间统一性与相互隶属的关系。现在我们想试试追随巴门尼德,这是我们有意为之,因为无论人们如何阐释逻各斯的学说,都总会按照流行的说法,说它是赫拉克利特哲学的独特之处。

巴门尼德同赫拉克利特分享着同一立足点。但这两位希腊思想家,一切思想源流的开创者,除了存在者的存在,还会站在别的什么立足点上吗?巴门尼德也认为存在就是ἕν〈此一〉,ξυνεχές〈连续〉,在自身中包括一切者,μοῦνον〈单独〉,独一合一者,οὖλον〈天神〉,恒常－完满者,常驻着的自身展示着的存在力道。通过此存在力道,具有单一面相与多重面相的东西的显象也就恒常不断地全程闪现。由此,无可无可避免的通向存在的道路就通过无蔽来导引,而且还一直保持为一条三岔的路径。

但巴门尼德在哪里谈到过λόγος?甚至在哪里谈到过我们现在所寻求的那种存在和逻各斯的分道扬镳呢?如果我们在巴门尼德那里有关这个方面毕竟还找得到点什么的话,那么,好像显示给我们的正是某种分道扬镳的反面。巴门尼德有一句话流传至今,关于这句话巴门尼德有两种说法。在残篇 5 中是这样说的:τὸ γὰρ αὐτὸ νοεῖν ἐστίν τε καὶ εἶναι.。按照我们习惯已久的译法，这句话大略是说："但是思想与存在是同一的。"对这句曾遭到多次引证的话的非希腊式的误解，其程度丝毫不亚于对赫拉克利特的逻各斯学说的曲解。

人们将 νοεῖν 领会为思想，将思想领会为主体的功能活动。主体的思想决定着存在是什么。存在只不过是思之所思者。现在因为思想始终是一种主观的功能活动，所以，思想与存在在巴门尼德那里就应当是同一的，一切就都变成主观的了。根本就没有什么自在的存在者。有人说在康德和德国观念论中找到的就是这样一类学说，但追根究底的话，在巴门尼德那里早就有了这套东西。巴门尼德还因为这一进步性的贡献受到褒扬，特别是相应地去比照亚里士多德这位晚出的希腊思想家。亚里士多德站在柏拉图唯心论的反面，代表一种实在论立场，并且成为了中世纪的前驱。

我们之所以一定要在这里特别地谈到这一流行的看法，不只是因为它在关于希腊哲学的一切历史描述中胡说八道，也不仅仅是因为近代哲学自身就是按这个意义来阐释其先前的历史。我们这样说的原因首先在于，由于所引述的意见在实际上占据了统治地位，这就使我们难于领会巴门尼德的那句原始希腊语句的本来真理。而我们只有在成功地领会了巴门尼德这句原始希腊语句的本来真理之后，才能据此而判明，不只是从近代才开始，而是从古代后期以及基督教出现以来就开始在西方的精神历史中，也就是在西方的本真历史中，出现了怎样的变化。

Τὸ γὰρ αὐτὸ νοεῖν ἐστίν τε καὶ εἶναι.〈"但是思想与存在是同一的"〉。要想领会这句话，我们需要来知晓这个三重性的问题：

　　1）τὸ αὐτό〈同一〉与τε...καί〈和〉是什么意思？

　　2）νοεῖν〈思〉是什么意思？

　　3）εἶναι〈存在〉是什么意思？

　　关于这第 3 个问题所问的东西，我们似乎在先前谈到φύσις时就已经讲得足够多了。但是，特别是当我们毫不犹豫地用"思想"来翻译νοεῖν这个动词的时候，以及当我们把它在逻辑的意义上规定为条分缕析的命题陈述之际，这第 2 个问题中提到的这个νοεῖν却晦暗不明。νοεῖν的意思是闻讯〈vernehmen〉，而νοῦς的意思是讯问〈Vernehmung〉，而且是在一种双重的、休戚相关/相互倾听〈zusammengehörig〉的意义①之上的讯问。"闻讯"一方面指：接 - 受〈hin-nehmen〉，让来到某个东西〈auf einen zukommen lassen〉，这也就是说，自身显示者，显现的东西。"闻讯"另一方面还指：讯问〈vernehmen〉证人，出示〈vornehmen〉证人，这样来接纳〈aufnehmen〉、确定事实情况，一如事实情形及其情景状况来接纳和确定。"闻讯"在此双重意义下说的就是：让出现，但却不是简单的接受，而要面对自身显示者采取一种接纳姿态。当军队采取某种迎战姿态时，那就是要迎接向着他们来临的敌手，而且其迎敌姿态至少要使敌手止步驻停。显现者的这种正得到接纳的来此 - 驻停就寓于νοεῖν中。巴门尼德的这句话在谈到"闻讯"时竟然说，它与存在同一。这样一来，我们就要去弄明白那第 1 个问题中所问

---

①　德文中，"vernehmen"有较强的"听闻"，"听悉"，"讯问"，"审讯"的意义。而"zusammengehörig"〈休戚相关〉在词源上也和"听"〈hören〉有密切关联，所以又可理解为"相互倾听"。——译注

的东西:τò αὐτó,同一的,它的意思是什么?

但凡与其他东西同一的东西,对我们而言就是一模一样的东西,就是这同一个。这个同一个又是在怎样的意义上是"统一"的呢?要确定这一点,不能随我们的高兴去办。在这个涉及道说"存在"的地方,我们其实一定要从巴门尼德在 Ἐν〈这一〉这个语词名下所思考的意义那里来领会这个"统一"。我们知道,"统一"在这里绝非什么空空如许的千篇一律,也不是单纯的无关痛痒般的一概等同。统一乃互相对立争执者的休戚相关状态。而这就是那源始的合一。

巴门尼德为什么说τε καí〈和〉呢?因为存在与思想是在相互争逐之意义上的合一,也就是说,作为休戚相关的同一。我们应当怎样领会这一点呢?让我们从存在出发,而存在已经在多个向度上向我们清楚表明它就是φύσις。这个存在说的就是:站立在光明中,闪现闪耀,进入无蔽。在这样的事情生发之处,也就是说,在存在的力道发作之处,在此一起发力和生发的就同时还有听命于存在的"闻讯",即那自身显示着的、在自身中恒常不断者的、正在接纳着的来此－驻停。

在残篇 8 第 34 行,巴门尼德更为深刻地说出了同样的话:ταὐτὸν δ᾿ ἐστὶ νοεῖν τε καὶ οὕνεκει ἔστι νόημα:闻讯与闻讯为之而发生的东西是同一的。为存在之故,闻讯发生。这个存在仅仅作为现象在将起来,当无蔽和自身开显发生,它就踏入了无蔽。巴门尼德此句话的这两种讲法就使我们对φύσις的本质有了更加源始的洞见。闻讯隶属于φύσις,而φύσις的存在力道之发力就是闻讯的一同发力运作。

首先，这句话完全没有说到人，然后它也没有谈到作为主体的人，而最终它更没有提及那种把一切客体物取消为是单纯主观的东西这样一种主体。这句话说得正好全都相反：存在力道〈das Walten〉发力运作，但正因为存在力道发力运作，而且只要它还在发力运作并且显现出来，伴随着这种现像就必然还会有闻讯发生。但是，现在如果人参与到这种现像的与闻讯活动的历事之中，那么，人就必须要完全成为他自己，隶属于存在。因此，人之存在的本质与方式就只能从存在的本质那里得到规定。

然而，如果现象活动隶属于作为 φύσις 的存在，那么作为存在者的人就不能不归属于这一现象活动。又因为在存在者整体中，人之存在明显地构成了一种特有的存在，于是乎，存在就是存在之力道发力的现象活动，而人的存在特征就从其归属于这种存在的独特方式中生长起来。"闻讯"就是正在接纳着的、对那自身现象活动的闻讯。但是，现在只要"闻讯"隶属于这样的现象活动，那么就可以设想，正是从这儿出发，人的存在本质才会得到规定。所以，当我们来阐释巴门尼德的这句话时，绝不允许把任何一个后世的甚至今天的关于人的存在的想法搬进来，穿凿附会到这句话中去。相反，这句话必须从其自身出发才会给我们以指点，即人的存在是如何在追踪这句话，也即追踪存在的本质中得到自身规定的。

人是谁？按照赫拉克利特的说法，这个问题的首次出现（ἔδειξε，自身展现）要在 πόλεμος〈斗争〉中。它在神和人的分道扬镳中，在存在自身喷薄而出的历事中出现。人是谁？这个问题，在哲学家的眼中，其答案并非写在天国的某个地方。相反，情形倒是：

1）对人的本质的规定绝不会是答案，而在根本上说来，它是发问。

2）对此问题的发问和择断都是历史性的，这不仅仅是在一般性的意义上说的，而且是说，此发问与择断乃历史之本质。

3）人是谁？他与存在如何发生瓜葛？前一个问题必须永远摆在与后一个问题的本质关联中。追问人的问题绝不是一个人类学问题，而是一个具有历史性的后物理学的问题。［在传统的形而上学范围内，这个发问根本上还是在讲"物理学"，所以它问得还远远不够。］

因此，对于巴门尼德在那句话中所说的 νοῦς〈奴斯〉和 νοεῖν〈思〉的意思，我们不可以按照一种由我们添加进来的关于人的概念来进行误解，相反，我们必须学会去体验，人的存在唯有从存在与闻讯之间的本质性的休戚与共的历事中，才能得到自身的规定。

那么，处在这种存在与闻讯的存在力道中的人是什么呢？我们已经熟习的残篇 6 的开头给了我们这个答案：χρὴ τὸ λέγειν τε νοεῖν τ’ἐὸν ἔμμεναι：必须既要 λέγειν〈道说〉又要闻讯，即道说与闻讯那存在者在其存在中。[①]

在此，我们在根本上还不允许把 νοεῖν 理解为就是思想。在无意识中以及在我们的通常行为中，我们把"闻讯"视为是人的一种能力，一种行为方式，而这里所谓的人，又还是根据某种苍白空洞的生物学、心理学或认识论来设想的。如果情况是这样的话，那么即便我们现在把 νοεῖν 把握为闻讯，也还是不够的。即使我们没有

---

① 按照英译注，传统英文关于残篇 6 中的这句话的译文是："It is necessary both to say and to think that being is"〈"必须既说又想，存在者存在着"〉。——译注

专门来讲这样的想法,情况也就是如此。

　　闻讯以及巴门尼德的那个语句中关于闻讯的说法,说的都不是那业已被规定好了的人的某种能力,相反,闻讯是一种历事发生,在其间,人才会活灵活现地〈geschehend〉作为存在者踏进历史,才显现出来,也就是说[按其字面意思],才自身来到存在中。

　　闻讯不是一种行为方式,它不是人所拥有的特性,相反,闻讯是这样的一种历事,它占有着人。因此,巴门尼德才会总是单单仅说νοεῖν,仅说闻讯。人乃历史性的人(存在的葆真者),而在这一箴言中发生的东西,绝不丝毫少于那历史性的人以求知的方式踏入现像。[①] 这一箴言在西方乃是标准的关于人的存在的规定,就像它含有关于存在的某种本质性刻画一样,它同样也是至关重要的。在存在和人的休戚相关中,这两者的分道扬镳也开始微露端倪。由于"存在与思想"之间的区分早已就变得苍白、空洞和毫无根柢,所以,除非我们回溯到这一区分的开端处去,否则,我们已不太可能再认出它的源头。

　　存在与思想之间的对立,其方式与走向之所以是如此地无与伦比,就是因为在这里人出场直面存在。这一历事就是作为历史性的人的认知性的现像过程。而人唯有作为如此的存在者被熟知之后,才会为这样一种概念所定义,即被定义为ζῷον λόγον ἔχον; animal rationale;理性的动物。Λόγος出现在人的这一定义中,

---

　　① "Erscheinung"〈现像〉是现代哲学,尤其是康德哲学知识论的一个核心概念。按照海德格尔的解释,理解这个概念的存在论前提乃是主体 – 客体的截然二分。所以,海德格尔这里暗指他自己关于巴门尼德的νοεῖν的解读,完全不同于从现代知识论传统出发的"曲解"。——译注

但是，它却是以一种面目全非的形态，并在一个十分奇异的场景中出现的。

上述关于人的定义根本就是一个动物学的定义。从许多方面来看，这个动物学的ζῷον〈动物〉始终都是有问题的。尤其是西方关于人的学说，即所有的心理学，伦理学，认识理论以及人类学都建构于这一条关于人的定义的框架之内。长期以来，我们都是在从这一规则引申出来的混乱想法与概念中折腾。

但是现在，因为这个囊括一切的关于人的定义已然凋敝，再也无人去理睬它后来的说法了，所以，只要我们还在由这一定义勾勒出来的路数上思考和发问的话，我们就会完全看不到那些在巴门尼德的箴言中被说出和出现的东西。

这个关于人的通常想法以及它的所有的变相说法，都只是一种限制，它将我们阻隔在某个空间之外，而人的本质从一开始就在此一空间中成为现像并在其中立足。而另一个限制则在于，它使我们甚至对上述关于人的追问始终陌然无知。

诚然，现在有些书的书名就写着"人是什么？"①但这只是在书的封面上用铅字印出了这个问题而已。根本就没有追问；而没有追问的原因绝不是因为人们在写这许多书时仅仅忘记了这个问题，而是因为，人们对此问题已经有了答案，而且这个答案同时又是说：人根本就不可发问这个问题。有人信奉天主教会布道的教义律规，这无疑属于个人事务。但若有人因为不愿，也不能，所以

---

① 按照英译者的注解，海德格尔这里指的是天主教神学家 Theodor Haecker〈1879－1945〉的著作《人是什么？》〈莱比锡：雅各伯·海格勒出版社，1933 年〉。——译注

就不去发问"人是什么?"这个问题,而却又把它放在自己的书的封面上,这种做法从一开始就丧失了任何要得到认真对待的权利。例如,当《法兰克福时报》把只在书皮上进行发问的这样一本书赞誉为"一本卓越、伟大而又勇敢无畏的书"时,就连完全瞎了眼的人也都看得出,我们究竟身陷何处了!

为什么我会在此提到这些与阐释巴门尼德的箴言不相干的东西呢? 的确,这一类的作品本身毫无重要性和意义可言。但是,对追问的任何热情都麻木不仁,这一状况为时已久,我们对此不加重视。随着这一状况而来的后果就是:一切准则与立场都会陷于迷乱,而且,历史性认知的深邃与尖锐如果不和历史性意志的伟大结合在一起的话,那绝大多数人也就不再知道,本真的决断行动必须要落在什么地方以及落入何者之间。上面给出的指点只能指明,这一作为历史性存在的基本历事的追问已离我们而去,相距甚远,而且我们早就失去了对此问题的领悟。因此,为了深入透彻地思考下文的内容,我们现在给出一些本质性的参照点:

1)对人的本质的规定绝不是什么答案,而在本质上是发问。

2)对此问题的发问究其源初意义而言就是历史性的,即这一发问根本就在创造历史。

3)情况之所以是这样,是因为人是什么这个问题只有在对存在的发问中才能被问及。

4)只有在被发问中的存在敞开自身之处,历史才会发生,从而,人那样的存在才会发生,而凭借于这种人的存在,人才敢于冒险与一个个存在者的自身争斗抗衡。

5)正是这一追问着的争斗抗衡才将一个人带回到那种它自身

实际是以及必须去是的存在者那里。

6）人唯有作为发问着的、具有历史性东西才会来到他自身并成为一个自己。人是其自己说的就是：人必须在历史中把向着他敞开自身的存在予以变化并让自身在其中驻立；而不是：人首先是一个"自我"，一个个别的东西，同样，它也完全不像是一个"我们"，一个"公共集体"。

7）因为人作为历史性的人才是他自己，所以，追问人的本己性存在的问题就必须要从"人是什么？"这一形式转变为"人是谁？"这个形式。

在巴门尼德的这一箴言中说出来的东西，就是从存在自身的本质而来的一种对人的本质的规定。

但我们还不知晓，人的本质在此处是如何得到规定的。前面要做的仅仅只是标画出一片巴门尼德的箴言进入其中说话的空间，而且随着这一进入其中说话，箴言就将此空间也一同敞开了出来。可是，这种一般性的指点尚不足以使我们从流俗的关于人的想法以及那种对人进行概念规定的方式方法中摆脱出来。为了要领会巴门尼德的这一箴言，我们至少必须要对希腊人的亲在以及存在做某种积极性的考虑，以求把握其真理。

从已经多次引用的赫拉克利特的箴言中我们知道，只有在πόλεμος〈斗争〉中，在（存在的）分－合－对峙中，才会出现诸神与人的分道扬镳。只有这样的斗争才会ἔδειξε〈展现〉，才显示出来。这一斗争使诸神与人在他们的存在中登场出现。关于"人是谁？"的问题，我们不可以通过一条学究式的定义来知道答案，相反，我们只有这样才能知道它，即人通过试图将存在者带到它的存在中去而进入与存在者的纷争之中,这也就是说,将存在者置入界限与形态中,亦即将之谋划为一个新的(尚未在场的)东西,使之源始地造化出来,诗意地为之奠基。

巴门尼德与赫拉克利特的运思都还是诗性的思,在此就是说,它们都还是哲学地而不是科学地去运思。但是,因为在这种诗性的思中思想占据着优先地位,所以关于人的存在的思就有了其独特的方向与标准。诗性之思的对立面归属于诗性之思,而为了要从这一对立面出发来充分弄清这一诗性之思并且这样来准备对之加以理解,我们现在需要来请教探询希腊人的思性之诗,这种思性之诗就是悲剧,正是在悲剧中,存在与[隶属于存在的]希腊人的亲在本真性地耸然而立。

我们要从其源头上来领会"存在和思想"的区分。这一区分标示出西方精神的根本姿态。据此存在就从思性和理性的视野来规定自身。而即便是在西方精神想要通过"非理性化"与"非逻辑化"来摆脱纯粹理性的统治时,这种情形也依然如故。

当我们追踪存在与思想之区分的源头时,我们迎面碰上的就是巴门尼德的箴言:τὸ γὰρ αὐτὸ νοεῖν ἐστίν τε καὶ εἶναι。按照习惯的译法和理解,这句话说的是:思想与存在是同一的。

这一箴言可被称为是西方哲学的指导原则,当然,前提是必须加上以下的注释:由于人们不能抓住这句箴言的真谛,所以就不再理解它,而这恰成了这句箴言变为西方哲学之指导原则的原因。希腊人自己从这句箴言的真谛处的脱落也是在巴门尼德之后不久就开始的。对有着如此这般范围之影响力的源初真理,要想能抓住它们,只有当其不断地得到更加源初地拓展之际,而且,这种拓展绝非是通过对它们的单纯使用和引用来进行的。源初的东西，只有当其不断有可能去是它所是的：去是那［从本质存在的隐蔽处］源涌而出的渊源时，它才会保持为是源初性的。现在我们试图重新获得巴门尼德这一箴言的源初真谛。我们曾经通过翻译最先暗示过有不同的阐释。这一箴言说的不是："思想与存在是同一的"，它是在说："闻讯与存在是休戚相关、交相归属着的倾听的〈zusammengehörig〉"。

然而这是什么意思？

此箴言以某种方式把人带向语言，而因此也就不可避免地将关于人的惯常想法随即拽入到此箴言中了。

这样一来，对希腊人所体验的人的本质就会发生一种误解，这可能是在基督教的或者是在近代的关于人的概念意义上的误解，也可能是来自这两者的某种平淡无奇的杂拌。

但是，这种在方向上关于人的非希腊式的想法的误解还算是小事。

真正灾难性的是人们压根儿就与巴门尼德箴言的真谛完全不着边儿。

因为在这一箴言中才首次出现了对人的存在的决定性规定，所以，我们的阐释不仅必须要远离这种或那种关于人的不恰当的想法，而且必须在根本上远离任何一种想法。我们必须力求仅仅去听那在此〈箴言中〉道说的东西。

但是，我们不仅没有经历过这样的聆听，而且耳朵里同时还总是塞满了妨碍我们去正确聆听的东西。因此，我们必须要把正确发问"人是谁？"这个问题的前提条件更多地用——枚举的方式提出来。

但由于巴门尼德从思的方面对人的存在所做出的规定实难被直接通达，而且令人感到陌异，所以，让我们来听一听希腊人对人的存在的诗性筹划，①以便寻得一些预先的帮助与指点。

这里读的是索福克勒斯的《安提戈涅》中的第一合唱歌②（第332－375行），我们首先听到，完全是那个希腊的语词在耳畔发生的鸣响。译文③是这样的：

　　　　"莽森④万物，却无一

　　　　莽劲森然若人，出类拔萃。

────────────

①　德文词"Entwurf"原义为"草图"，"计划"，"构思"；其动词形式"entwerfen"意为"草拟"，"筹划"。此处沿循《存在与时间》中译本译法，将之译为"筹划"，但读者应首先从此词的原型动词"werfen"〈抛、掷、投〉的意义来做存在论、生存论上的理解。──译注

②　合唱歌是传统希腊悲剧中的最后部分。希腊悲剧的合唱歌又分进场歌与肃立歌，海德格尔在此讨论的是肃立歌。这是歌队肃立时唱的歌，通常有多个曲节。──译注

③　关于此合唱歌的海德格尔德译，和传统译法有明显差异。除了结构上有更动之外，海德格尔还有意保留了原诗用词精炼、古朴的风格。熊伟先生在旧本汉译中，保留了这一风格。鉴于此，新译本关于此诗的新译，无论在词语选择，还是在诗歌风格上，也都有意识地保留和延续了熊伟先生开始的这一传统。──译注

④　"das Unheimliche"是海德格尔对δεινα的译名。δεινα在希腊文中的意思是"可怕的"，"厉害的"。从词源上说，德文词"heimlich"与"unheimlich"都从"Heim"来，而"Heim"和"Heimat"的意思是"家"，"家园"，"故土"。所以，"heimlich"词义为"隐秘的"，"暗地里的"，而"unheimlich"则为"阴森可怕的"，"令人毛骨悚然的"，此外，它也还有"极其多〈故让人可怕〉"的含义。除了"unheimlich"之外，海德格尔在文中还使用"heimisch"一词，译为"本土的"，"本乡故土的"。基于上述理解，本文用"莽森"或"莽劲森然"来译海德格尔这里的"unheimlich"一词。"莽"指"繁盛强劲"〈莽壮〉，"渺茫深远"〈莽渺〉，"森"除了指"森郁葱葱"，即众多繁盛之外，更指"阴森"，"森邃"，即"幽深可怖"，"可怕"的双关之意。──译注

彼出奔大海,逐波扬帆,

随冬之南风暴雨,

穿行在惊涛之巅,

骇浪之逐。

彼亦疲累于诸神之至尊——大地,

于那无朽不倦者,

驱马运犁,

岁岁年年,

翻耕不辍。

众鸟轻翔,

彼诱而网之;

荒野走兽,

海底游鱼,

彼四出谋算,逐之捕之。

夜游山林之王,

粗鬃烈马,

无畏雄牛,

彼巧施小计,

威逼于轭杖之下,

驯之服之。

词章音律,渊博学问,

彼旋风般一学就会,

亦勇

掌城邦之治。

彼亦熟虑,善免险陷

风云变幻,

冰刀霜剑。

出巡处处,奔波,茫然无出路,

彼达至无。

唯有一死,

彼无可拒,

纵然有幸智脱

病魔缠身。

彼实聪慧,

能耐超凡。

虽不无堕入逆境之时,

但也会否极泰来,顺境复临。

彼穿行在大地的律法与

诸神的谕令合式之间。

当彼耸出其所,则失损其所,

那非在者在着时总会出手,

助彼冒入险境。

操此业者

吾非与之亲熟,同出一门,

　其所幻所臆,亦与吾知无涉。①

　　下面的阐释势必困难重重,不够充分,因为我们只消说它的建构并非着眼于此悲剧的整体,甚至亦非立足于诗人的著作就够了。关于读法的选择和对文本作的一些改动在此也不打算细论。我们会把阐释过程分为三个步骤,而在每一步骤中,我们都会分别地通过不同的视点,来贯－通这首吟唱的整体。

　　在第一步骤中,我们会特别地强调指出,究竟是什么,才是那构成了此诗歌之内在底蕴,并将这一整体相应地用语言支撑和全面耸现出来的东西。

　　在第二步骤中,我们依着正曲、对曲的排序,一路巡视此诗歌敞开出来的整个疆界。

　　在第三步骤中,我们会力求在整体中央获得一个立足点,目的是要来估量估量,按照这种诗性的道说,人究竟是谁?

　　第一个步骤。我们寻找的是那支撑者和那整体的全面耸现者。实际上我们用不着来寻找。它已是三顾频频,屡相冒犯,开口

---

　　① 海德格尔的译文并没有与原诗在形式上完全一致。例如,原诗甚为工整,由两节正曲分别加两节对曲构成,每段曲节十行,全诗共四十行。罗念生先生的中译本分段与原诗相同,但分行不一致。有些著名的传统译文,如德国诗人荷尔德林的译文,分段分行也与原诗不同。相形之下,海德格尔的译诗分为六段,第一段 11 行,第二段 11 行,第三段 6 行,第四段 7 行,第五段 9 行,第六段 3 行。海德格尔并非不知原诗布局,但如此分段分行应当是有意为之。例如将原诗第 2 节正曲、对曲分别拆为两段,或许是要凸显原诗第 2 节正曲中央的诗句。相似的缘由,我们可见于海德格尔关于第 5、第 6 曲段的划分。参见海德格尔自己在下文中的解释。——译注

就破那一切发问和规定的陋习成规。

　　　　第一步是这样的开头：πολλὰ τὰ δεινά...

　　　　　"莽森万物，而无一

　　　　　莽劲森然若人，出类拔萃。……"

起首的这两行诗文向随后的整首吟唱预先抛出了在其每一声吟唱诉说中都孜孜寻觅的东西，而这东西又被那言词的一唱三叹，*丝丝入扣*，直弄得身不由己，魂牵梦萦。人，如果用一个词来说它，就是 τὸ δεινότατον，最莽劲森然者。这种对人的说法就是从人的存在的最宽广的边界和最峻峭的渊薮来把握人。那双只会描摹与判定现成事物的眼睛，绝对看不见这般的峻峭与边界，虽有成千上万的肉眼，四处探究摸索人的特征和状态，终也无济于事。这样的存在唯向诗性运思的筹划敞开自身。在此，我们绝对找不到任何一种对人的现成式样的描绘；但同样也找不到任何一种自下而上的对人的本质的盲目拔高，这种盲目拔高是出于某种像是逮不住某种宝贝而产生出的恼怒不快。我们在这里找不到的还有人性的卓越。在希腊人那里，尚不存在什么人性之类的东西[因而也不存在什么超人性]。人就是 τὸ δεινότατον，就是那莽森之物中的最莽劲森然者。关于 δεινόν〈莽森可怖〉这个希腊语词以及我们的翻译都需要先做一番解说，这番解说应当只有从整个吟唱的未曾说出的前视野出发才可给出，而这首吟唱整体自身却又是唯一的能描绘出这首两句诗文准确阐释的标杆所在。δεινόν 这个希腊语词就是在那莽劲森然的双关意蕴中双关指向，正是伴随这一双关指向，希腊人的道说才穿越而迷失了存在的相互转化着的分－合－对峙。

首先，δεινόν指的是森然可怖的东西，但这说的不是小小的可惧怕之物，也不是说那种衰颓落寂式的、幼稚荒唐式的或者百无一用、无可奈何式的可怕，那些可怕都是我们今天在说"魔鬼般可怕的娇小身材"意义上的"可怕"。这个δεινόν〈莽森可怖〉是指那威临一切的存在力道〈überwältigendes Walten〉之意义上的可怖，以同样的方式，一方面它逼出惊惶失措的惊恐万状，逼出真正的恐惧，另一方面，它逼出拢聚着的、内心忐忑不安的、缄默无声的畏惧。这个强力者〈das Gewaltige〉，这个威临一切者〈das Überwältigende〉就是存在力道〈das Walten〉自身的本质特征。无论它在何处嵌入，它都能够在自身保持它威临一切的强力。但这样一来，它就非但不是变得不再祸害，而是变得更为可怕和更加遥远而已。

再则，δεινόν〈莽森可怖〉的意思是指行使强力的强有力者。他不仅拥具强力，而且正在强力－行事，因为行使强力不仅是其行为的基本特征，而且是其亲在的基本特征。我们在此给出了"强力－行事"〈Gewalt-tätigkeit〉这个词的本质性意义，这一意义在根本上超出了此词通常所指的、多半是单纯的粗野与任性意义上的意涵。在那种情形下，看待强力的视角往往囿于这样的范围，在此范围中，通过协商达成彼此协调与相互关心才是亲在的准则，而任何强力都必然只会被断定为扰乱与损害。

存在者整体作为存在力道就是那威临一切者，就是在第一种意义上的δεινόν〈莽森可怖〉。但人也是这δεινόν，因为他根本上就归属于存在,他自始至终就交托给了这个威临一切者。但人所以是δεινόν,同时还因为他被标明为强力－行事者。[他会集存在力道的发力者并让之敞开。]人并不是那种位于其他事物之中或之旁的强力－行事者,相反,人只是在这个意义上的强力－行事者,即他在根基处,在其强力－行事中,以强力抗衡那威临－一切者。因为人是在某种源初统一意义上的双重δεινόν,人就是τò δεινότατον,最强力者:能在威临一切者的笼罩中强力－行事。

但是,我们为什么要用"莽劲－森然"来译δεινόν呢?不是为了要把那强力者的,威临一切者的,以至于强力－行事者的意义掩盖起来,或者甚至对之予以削弱;情况恰恰相反。因为这个δεινόν说的是最强烈、最深刻意义上的人的存在,所以,得到如此规定的存在之本质也就立刻在此决定性的视线下进入眼帘。既然要做的事情恰恰就是去领会这个δεινόν本身是什么以及如何是,那么,又把强力者标明为莽劲森然者,这岂不成了一种后起的规定,亦即要先考虑到这强力者对我们如何作用影响,然后才来进行的规定?不过,我们所讲的莽劲森然者并非是在我们的某些感觉印象的意义上讲的。

在我们的领会中,"莽劲－森然者"〈das Un-heimliche〉说的是那种从"隐秘的"〈das Heimliche〉,即本土的〈das Heimische〉,习惯的,熟习的,可靠的里面筹划出来的东西。非本土〈das Un-heimische〉说的是不让我们安于本土,这其中就有威临一切者在。但人是最莽劲森然者,这不仅是因为在如此领会的莽劲－森然中有着他的本质存在,而且还因为他跨出了,逃离了他那在最初和大多情况下习以为常的本乡故土的边界,因为他作为强力－行事者跨越了本土的界限,而且恰恰就是向着那在威临一切者之意义下的莽劲森然方向而去。

但是,为了要把合唱歌中关于人的这句话的整体涵义摸清楚,我们必须要同时深思人是 τὸ δεινότατον,是最莽劲森然者这句话,它并不是要赋予人某种特定的特性,就像在此之外人还有些什么别的特性一样;相反,这句话要说的是:恰是最莽劲森然者这回事,才是人之本质的基本特征,所有的一切其他的特征都总是必须要划入此基本特征之内。"人是最莽劲森然者"这一说法给出了关于人的本真的希腊式定义。唯有当我们同时体验到显象的强力和在显象对亲在的本质归属中体验到与显象的争斗之际,我们才完完全全地挤逼进入到那莽森之境的历事之中了。

在这头两行诗句之后,第二个有担当分量且形成高潮的诗句出现在第 360 行,它也与头两行诗句遥相呼应。这诗句是在第二曲节的中间[①]:παντοπόρος ἄπορος ἐπ᾽ οὐδὲν ἔρχεται"出巡处处,奔波,茫然无出路,彼达于无"。这里的关键是 παντοπόρος ἄπορος。Πόρος〈出路〉这个词的意思是:通向……之行,越过……之行,道路。人到处筑路,冒险进到存在者的所有领地,进到威临一切者的存在力道中,而恰恰就在如此行事时被抛离一切道路。正是这样一来,这个最莽劲森然者的整个莽森情境才敞开出来;他不仅在其莽森情境中尝试到了那个存在者整体,他也不仅

---

① 海德格尔的译文将希腊文原诗的第二曲节和对曲分别译为两段,这样加上第一曲节和对曲,就有六个曲段。这里,海德格尔指的是原诗的第二曲节的中间,而在海德格尔的译文诗段中则成了第四曲段的首句。这应当是海德格尔根据自己的读解有意为之。相似的缘由,我们可见于海德格尔关于第 5、第 6 曲段的划分。——译注

由此而作为强力－行事者将自己驱离出了本乡故土，而是他在做这一切时就变成了那最莽劲森然者，因为如今，在所有一切道路上，他都走投无路，他被从与本乡故土的任何联系中抛离出来，而ἄτη，灾祸与不幸，正侵袭着他。

我们不妨来想一下，这句παντοπόρος ἄπορος〈盲然无出路〉在何种的程度上包含了对δεινότατον〈最莽劲森然者〉的阐释。

这一阐释在第 370 行出现的第三个高潮的诗句ὑψίπολις ἄπολις〈耸出其所，失损其所〉中达到完满。我们看到，这句诗就像前面的那句παντοπόρος ἄπορος〈茫然无出路〉一样，有着同样的结构，而且以同样的方式嵌入这一对曲的中间。然而，它却在讲述存在者的另一个不同的面向。不再讲πόρος〈出路〉而是讲πόλις〈处所〉；不再讲进入存在者领域的莽茫路径，而是讲人自身之亲在的藏身之地和安身之所，讲的是所有这些路径的交汇之处，即πόλις。πόλις一般译作邦国〈Staat〉和城邦〈Stadtstaat〉；此译法未充分达其意义。毋宁说，πόλις指的是场所〈Stätte〉，是那个亲临到此〈Da〉，亲－在作为历史性的亲在就在这个亲临到此中并作为这个亲临到此而在起来的。这个πόλις是历史的场所，就是这个亲临到此，历史的发生就在于〈in〉此、源于〈aus〉此、为于〈für〉此。归属于这些历史－场所〈Geschichts-stätte〉的有诸神，有庙宇，有祭司，有节日，有游艺，有诗人，有思者，有统领，有元老院，有市民会议，有武力和船舰。所有的这一切之所以属于πόλις，之所以是政治的，并不是因为它和某个政治家，某个将领，和国家事务发生了关联；相反，上述的一切之所以是政治的，也就是说，它们之所以处在历史场所中，反倒是唯因〈它们是〉，举例来说，诗人唯有是，尔后方可是事实上的诗人；思者唯有是，尔后方可是事实上的思者，祭司唯有是，尔后方可是事实上的祭司，统领唯有是，尔后方可是事实上的统领。然而，这个是〈*Sind*〉说的却是：作为强力－行事者行使强力，并在历史性的存在中作为创造者，作为行动者变得高高耸起。而正是因为他们在历史性的场所里高高耸出，他们同时就变成了ἄπολις〈失损其所〉，无邦无所，孤－寂，莽劲－森然，在存在者之整体中走投无路，同时又无规无矩，无章无法，因为这一切都必须有待他们首先作为创造者才建得起来。

第一个步骤展示给我们的是最莽劲森然者之本质的内在轮廓，他的存在力道与其命运的领地和界域。现在让我们回到开端处，试着进入阐释的第二个步骤。

第二个步骤。现在我们要在沿循曲节的顺序所说出的东西的光照引领下，来听一听人的存在，即人之作为最莽劲森然者来存在，是如何展开出来的。我们将要注意的是：这个δεινόν是否以及怎样被用在第一种意义中？在第二种意义上的δεινόν〈莽森可怖〉是否以及如何与其第一种意义走向统一？在上述二者的交互关联中，这个最莽劲森然者的存在是否以及如何在我们面前建立起其本质形态？

第一曲节对大海与土地命名，它们各自以自己的方式作为威临一切者（δεινόν）出现。对大海和土地进行如此的命名当然不同于单纯在地理学和地质学意义上的称谓，那些是出现在我们今天的人面前的、让我们在空闲时带有某种轻松情调去描画写生的自然现象。这里像是第一次说到"大海"，而且是在冬日的波浪中对它命名，在这里，深邃的大海自身在波谷浪尖不断地翻滚奔腾。紧接在开首的那句主要的和引导性的箴言之后,吟唱骤然以τοῦτοκ αἰπολιοῦ开始。它唱的是出奔那深不见底的惊涛骇浪,唱的是对那坚实大地的绝情弃留。这一出奔并非发生在明净平滑的粼粼水面,而是在寒冬腊月的怒涛汹涌之中。这一出奔怒海的唱词应和着遣词造句的赋格韵律,将χωρεῖ〈居所〉放在第336行,这就使韵律为之一变:χωρεῖ,彼弃居所,冲出,冒险投入那无居无所的大海怒涛的超强力之中。这个词在此诗的结构中犹如一根擎柱,屹然而立。

强力行事,出离奔向那威临一切的大海;与之纠缠交织在一起的则是对大地之坚不可摧的存在力道的无休无止的侵入。让我们来关注一下这一点:大地在这里被称为诸神之至尊。人通过强力－行事扰乱了万物生长之平静,扰乱了无朽不倦者的滋养哺育和蔓延生灭。在此,威临一切者并非强力运作在吞没耗尽自身的粗野暴行之中,相反,它作为无朽不倦者运行,以其丰盛宝藏之高贵安宁,孕育、馈赠出那超越于一切勤力劳作之上的不竭之源。强力－行事者入侵进入这一存在力道,年年岁岁,驱马运犁,翻耕不辍,这就将那无朽不倦者驱入那疲累不安之中。大海与大地,出奔与翻耕,双双都通过第334行的这个καί〈随……〉交织融会在一起,而在第338行中的这个τε〈于……〉则与这个καί〈随……〉交相呼应。

让我们现在来听听与这一切相对应的对曲。这里命名的是空中群鸟,水底游鱼,还有山野的雄牛烈马。这些个生灵,在自身中以及在其周遭环境中活得飘逸潇洒,往来自如,它们不断涌出己限,形态常新,但却又始终行一己之路,认定那自家的夜栖之所和游荡之地。这些个生灵就这样浑然嵌进在大海与大地的存在力道

〈Walten〉中。它们的生命历程,活灵活现,跌宕起伏,有着自身独特异常的轨道,架构和缘由。然而,对于这些生灵,人却张网设套,将这些生命从其自身的秩序中撕裂开来,关入马厩牛棚,迫其引颈受轭。那一边是出奔与翻耕,而这一边却是设套捕获与迫其就范。……

在此处即将过渡到第二曲节及其对曲之前,有必要插入一个说明,这一说明旨在避免现代以来人们常常建议的而又很常见的对这整首诗歌的曲解。我们已经指出过,这首诗歌并不是要描写那在塑造芸芸众多其他存在物中一同出现的人之行为的范围和举动,相反,它要对人之存在的最极端的可能性与界限进行诗性的筹划。这样一来,我们也就避免了另外的一种意见,这种意见认为这首歌是在描写人类从狩猎野人与独木舟夫到城邦建设者与有文化教养人士的发展历程。这都是些原始人类民俗学与原始人类心理学的想法。这些想法源出于将某种自身原本就不真的自然科学穿凿附会到人的存在上去,而导致这般想法的根本错误就在于:认为历史的开头都是原始陋朴的、落后的、愚昧无知与软弱无力的。事实恰恰相反。开端就是那最莽劲森然者与最强力者。后继的东西,不是发展,而是作为散发开来的肤浅化,它不能保住开端的内在气势,它让开端变得无关紧要,让开端的伟大成为浮夸,成为纯粹数量意义上的庞大臃肿与扩容。最莽劲森然者是其所是,就是因其在自身中藏有一个这样的开端,从这一开端,万物沛沛然,一下子喷薄而出,进入那威临一切者以及有待威临者中。

对这一开端无法予以澄清并不是由于我们历史知识的匮乏或者无效,相反,历史认知的真实与伟大恰恰就在于对这一开端之隐秘性质的领会。对原－历史〈Ur-geschichte〉的知并不就是寻觅原始蒙昧和收集古董。这事既不部分地，也不全部地归自然科学，如果真要说它是什么的话，它是神话学。——

第一曲节以及对曲都将大海，土地和走兽命名为是那威临一切的东西，而强力－行事者则让那威临一切的东西挟其威临一切的强力闯入敞开状态之中。

第二曲节，从外表上看来，是从描写大海，土地和走兽过渡到对人的描画。但正如第一曲节及其对曲很少只在狭义上说及自然，第二曲节也很少仅仅在狭义上谈及人。

倒是现在要去命名的东西：语言，领会，情调，激情乃至营造种植，它们也像大海、土地和走兽一样，隶属于威临一切者的强力。区别仅仅在于，后者是在环绕着人起强力作用，它们承载着人，威逼着人，激励着人，而前者则是那个东西，它的自身强力渗透进人，而人——作为它自身所是的存在者－却不能不特别要去承纳。

这一强力渗透者绝不由于人直接纳受那强力渗透者自身的强力并使用此强力本身而失去他的威临一切。而人在这样做的时候，只是语言的莽劲森然，激情的莽劲森然那样的东西被隐蔽起来了，而人作为历史性的人，本来就是被嵌榫进入在其中的；但现在的样子却仿佛是：他成了对此发号施令的主。这种强力的莽劲森然就置身于它的表面上的熟知熟悉而又流行常用的情况中。但这些熟悉流行的情况直接地只是沉湎于人的非本质状态中，这样就将人从其本质中驱逐出来并将之摒斥在外。这样说来，那个在根本上要比大海和大地更加遥远，更加威临一切的东西，对人而言，就成了似乎最切近的东西。

人自以为能够发明而且以为他是发明了语言与知性领会、营造种植与吟诗的那个东西，可见人在其本己本质上的异乡状态已经到了何种地步。

人如何会竟然发明了那强力渗透了他的东西呢？正是凭借着这个强力渗透了他的东西，人自己才能够作为人来存在的呀？如果我们以为，诗人在这里是要让人来发明诸如营造种植和语言之类的东西，那我们就将这首歌道说的是强力者（δεινόν），是莽森者这回事忘得一干二净了。ἐδιδάξατο〈一学就会〉这个语词说的不是人去发明，而是说：人发现自身进入了威临一切者，而且，唯有在行事的强力中，人才发现自己本身，而按照前面所述，这个"自己本身"同时就是指那个出奔与翻耕，设套捕获与迫其就范的人。

这一出奔、翻耕、设套捕获与迫其就范，恰恰才是作为大海，作为大地，作为走兽的存在者在自身中的展开。只有当语言的力量，领会的力量，情绪情调的力量，营造种植的力量本身在强力－行事中强力运作之际，出奔与翻耕才会出现。诗性的吟咏，运思的筹划，农耕的营造，建邦立国等诸般强力行事，并非稽尽人力人事的事业，相反，此乃众多强力之间的调驯和契合，赖此众多强力，存在者方可作为此一存在者开显自身，而人也就因此而忝列其中。存在者的这一开显展开过程就是那强力。这个强力是人为了要在存在者那里强力－行事时首先成为他自己，即成为历史性的存在时，必须要去强用的强力。我们切不可将此处第二曲节中的δεινόν〈莽森可怖〉误解为发明，也不可将之误解为人的单纯能耐与品性。

强力在语言中，在领会中，在营造中，在种植中的施行就是一同－创造出［这里总是意味着：带－出到……之前］诸道路的强力开路－行动,而这条条路径就通向周遭发挥着强力作用的存在者。只有当我们把握了这一点,我们才领会一切强力－行事的莽劲森然。人无处不在道途上奔波,他不会在四处碰壁、无路可走的外在意义上走投无路,无论如何,人总能够这样那样地"柳暗花明又一村"。走投无路的真实情形毋宁说倒是这样:他不断在其亲身开辟的道路上被抛掷而回,因为他栽在他自己的道路上,陷在车辙里,在此深陷中,他围绕着自己的世界转圈,自身纠缠在显似的假象中,于是他自我放逐于存在之外。这样,他就在自己独有的圈子里得心应手,玩得很转,他能阻止一切对此圈子不利的事情,能够恰到好处地将任何灵巧用在火候上。源始性地开辟道路的强力－行事,自身就会导致这种得心应手的独有的非本质状态,而这种得心应手自身就是走投无路,而且这种走投无路竟到了这般程度,即它自己本身在显似的假象中随波逐流,但自身却隔绝于对这一假象进行思虑的道路之外。

　　一切的强力－行事倘若遇上一件事,马上就会戛然而止,这就是死亡。死亡是对一切完结的超－终结活动,是对一切限界的超－界限活动。这里没有出奔与翻耕,没有设套捕获,也没有迫其就范。但这个莽劲－森然的东西,虽然最终绝对地和一下子被逐出了一切本乡故土,但却万万不能被称为是和其他终究要出现的事件一样的某个特殊的事件。人并非只是在临终之际才面对死亡的走投无路,而是恒常性的和本质性的面对死亡的走投无路。只要人存在,他就在死亡的走投无路之中。这样,亲－在就是那活泼泼的历事中的莽劲－森然自身。(对我们而言,这个活泼泼历事中的莽劲－森然从一开始就必须作为亲－在得到奠基。)

伴随着对这个强力者和莽劲森然者的命名，对存在以及对人的本质的诗性的筹划就设定了其特有的界限。

这个第二曲节的对曲不再对其他的力量命名，而是将此前说过的一切纳入其内在的统一中。结尾的曲段让整个诗歌回归它的基调。按照我们在第一步骤中所凸显出来东西来看，这个本来有待道说的〈δεινότατον〉基调恰恰就存在于那个有着双重含义的δεινόν的统一的交互关涉中。据此，结尾的曲段就提出了一个三重性的东西作为总结。

1）那强力〈die Gewalt〉，那强力行事者〈der Gewalt-tätige〉在其中进行活动的强力者〈das Gewaltige〉，就形成了托付给强力行事者之谋制τὸ μαχανόεν〈精巧〉的整个范围。我们不是以一种轻蔑的含义来用"谋制"这个词。我们使用此词时，想的是τέχνη〈技艺〉这个希腊词传达出来的本质性意义。τέχνη的意思既不是艺术，也不是技巧，更不是现代意义上的技术。我们用"知"来译τέχνη。但是此译需要解释。此处的"知"不是指对以前未知的现成事物进行单纯的查实断定。这样的知识就总只是附属品，虽然也是"制"的一种必不可少的附属品。就τέχνη的真确意义来说，"知"意味着从一开始而且恒常性地就是将那恰恰总是现成的事物看穿看出〈Hinaussehen〉。这一"出外"〈Hinaussein〉事先会以不同的方式，从不同的途径，在不同的领域中使得某种东西开动起来，而这东西则给予了那已然现成的事物其相关的权利，它的可能的规定性，以及随此而来的界限。"知"就是能够－开动－起来〈Ins-Werk-setzen-können〉，去成为某个如此这般的存在者的存在。因此，希腊人以强调的方式把本真意义上的艺术和艺术品命名为τέχνη，因为艺术就是以最直接的方式［在一个在场者（在作品中〈im Werk〉）那里］将这个存在，即在自身中站住的现象，带向站立。艺术作品之所以是作品，首先并非因为它是作出来的，造出来的，而是因为它使得存在在某个存在者中作－用〈er-wirken〉，这儿的作－用就叫带入作品〈ins Werk bringen〉，而在这一过程中，那存在力道中发力的绽放开来，那φύσις就来到作为显现者的显象中。艺术作品就是存在着的存在，通过它，其他的一切显现着的东西以及所见到的东西，才作为存在者或者非存在者变得可以确认和通达，变得清晰可解与可以领会。

　　艺术在一种别具一格的意义上将存在在作品中作为存在者驻立下来并浮现出来，因此，艺术可以说就是不折不扣的"能够－开动－起来"，就是τέχνη。这个开动就是存在在存在者中的敞开性的发－作〈Er-wirken〉。这种占压倒优势的、发作中的敞开和保持敞开就是知，而这一知的热情便是追问。艺术就是知并因此就是τέχνη。艺术之所以是τέχνη，并非因为它的完成中含有"技艺性的"才能，含有工具〈Werkzeuge〉与作品的原材料〈Werkstoffe〉①。

　　于是，这个τέχνη就这样把δεινόν，即那个强力行事者的，决定性的基本特征标明出来了；因为强力－行事就是使用－强力来反抗那威－临一切者，即通过对先前封闭了的存在进行知的奋争，让之成为作为存在者的显现者。

　　2）作为强力－行事，δεινόν的本质会集在τέχνη这一希腊基础

---

① 读者应注意在"能够－开动－起来"〈Ins-Werk-setzen-können〉；"在作品中"〈im Werk〉；"作－用"〈er-wirken〉；"发－作"〈Er-wirken〉；"工具"〈Werkzeuge〉；"作品的原材料"〈Werkstoffe〉这些词之间的词根勾连，中译较难表达出这层联系。——译注

词中,同样,这个δεινόν作为威临－一切者也在δίκη〈合适〉这个希
腊基础词中浮现出来。我们用合式〈Fug〉来翻译这个词。这里我
们首先是从合缝〈Fuge〉与榫合〈Gefüge〉的意义上来领会合式;然
后,我们再把这个合式领会为机缘搭配〈Fügung〉,即威临一切者
行使其存在力道的谕令;最后,合式被领会为严丝合缝般的榫合
〈das fügende Gefüge〉,而这一榫合则强逼出适合〈Einfügung〉与
顺从〈Sichfügen〉。①

　　一旦人们用"正义"来翻译δίκη,并且是从法律－伦理意义上
来领会它,那么,这个词就丧失了它的形而上学根本意涵。将δίκη
〈合适〉解说为规范也是一样。这个威临一切者,它的一切辖域以
及其威权的强力,就在于这个合式。这个存在,这个φύσις,就是那
作为存在力道的源初会集:λόγος,就是那进行着严丝合缝般工作
的合式:δίκη。

　　这个作为威临一切者(δίκη)的δεινόν与那个作为强力－行事
者(τέχνη)的δεινόν就这样相互对立着,当然这不像是两个现成的
东西那样对立。相反,这一对立却是这样的情况:这个τέχνη以出
奔来对抗δίκη,而δίκη却作为合式将一切τέχνη掌控在其安排指派
之中。这个交相互换的对立存在着。而且,唯有当那最莽劲森然
者,即人的存在发生之际,人作为历史在将起来时,此交相互换的
对立才存在着。

　　3)Δεινότατον〈最莽劲森然者〉的基本特征就在于δεινόν〈莽

①　读者应注意在"合式"〈Fug〉;"合缝"〈Fuge〉;"榫合"〈Gefüge〉;"机缘搭配"
〈Fügung〉;"严丝合缝般的榫合"〈das fügende Gefüge〉;"适合"〈Einfügung〉;"顺从"
〈Sichfügen〉这些词之间的词根、词义勾连,中译较难表达出这层联系。——译注

森可怖〉的双重意义的这种交互关涉中。知者驰骋突入此合式之阵中，把这个存在撕裂［在"裂隙"中］成存在者，但却绝不能征服那威临一切者。因此，知者就在那合〈Fug〉与不合〈Un-fug〉之间，在卑贱与高贵之间被抛来掷去。强力者的每一次强力行事般的安顿或者成功或者失败，但两者每次均以不同的方式抛离本乡故土，它们也就每次都以不同的方式展开着那赢获了的或者失落了的存在的危险性。两者以不同的方式都面临着毁灭的威胁。那强力－行事者，创造者，他溜出到那未说出者中，闯入到那未思及者中，他强逼那从未发生者，他使未察者显现出来。这个强力－行事者每时每刻都立于冒险（τόλμα，第371行）之中。当他冒险干犯存在之威权之际，他就必须经受非－存在者的侵扰之险，经受μὴ καλόν①之险，经受四分五裂，经受无－常，不－着调以及无合式之险。历史性的亲在之巅峰越是高耸入云，突然跌落而堕入非历史性亲在之深渊的裂口也就开得越大，而这非历史的亲在就只在既无出路又无－定所的迷乱漩涡中越陷越深。

在第二步骤的终结处，我们想问：还会有第三步骤吗？

第三个步骤。这首合唱曲的决定性的真理已在第一个步骤中凸显出来。第二步骤则引领我们穿越强力者与强力－行事者的所有本质领域。结尾的曲段通过将全诗的整体图景嵌入那最莽劲森然者的本质而告终曲完成。这里还仅留一些个别细节有待关注和进一步解说。这种关注与解说只会是对迄今所说过的东西加一点

---

① 按照英译者的注解，这里的μὴκαλόν本于《安提戈涅》，第370行。习惯上译为"不美"，"不体面"，"不名誉"。——译注

补充而已，它绝不会要求一个新的阐释步骤。如果我们将自己限定在对诗中直接说出的东西加以解说上，我们的阐释确已结束。然而，阐释工作又借此才刚开始。真正的阐释必须显示那不再形诸言词但却得到言说的东西。为此，阐释势必使用强力。科学的解释将一切超出它的禁地的东西都标上非科学的印记，而只有在科学的解释一无所获之处，本真的东西才可觅得。

但我们必须将自己限定在这首已挑选出来的吟唱上，我们在这里只能在某个特定的方向上，依据我们的本真任务，冒险进行这个第三步骤，而且这一冒险行进也只能是为数不多的几步而已。在追忆第一步骤中所说过的东西的同时，我们从第二步骤那里通过解说结尾曲段而来的结果说起。

Δεινόν之δεινότατον，莽森万物中最为莽劲森然者，就处在δίκη〈合适〉与τέχνη〈技艺〉的对立博弈之关涉中。最莽劲森然者不是莽森之物中逐阶而上的最高级别。按其类别来说，他在莽森之物那里独具一格。具有威临一切之强力的存在者整体与强力行事的人的亲在之间的对立博弈就导致出现这样的可能性，即堕入既无-出路又无-定所的厄运。这一厄运以及堕入厄运的可能性却不是到结束时才出现，好似那强力-行事者在某个个别的强力-行事的行为中行不通，搞错了；相反，这个厄运从根本上说就是在那威临一切者与强力-行事的对立博弈中发威与等待。如果存在作为那在将起来者，作为φύσις，作为那绽发开来的存在力道发威，那么，对抗存在的威临一切之强力的强力-行事势必会在这一威临一切之强力面前变得粉碎。

但是，只有在那势必要粉碎的东西被强求进入某个如此这般的亲－在之际,此一粉碎的必然性才会存在。人被强求进入这般的亲－在中,被抛入这般存在的亟需中,因为那威临一切者作为这样的一个威临一切者,为了发威显力,显现出来,需要一个自身敞开的场所。这是一个从存在自身而来的强迫性的亟需,从这一亟需出发来领会,人的存在之本质才会向我们敞开出来。历史性的人的亲－在就叫:被设－置的突破口,在这里,存在的威临一切的强力在显现中突袭而来,旨在将这一突破口自身在存在面前砸得粉碎。

最莽劲森然者(人)是其所是,因为从根本上看,他耕作经营与呵护照料本乡故土,其目的旨在从这里面突破出去和让那威临一切、施威于他的东西袭涌进来。存在自身将人筹划到这条沟壑纵横的出离路径上,而这种沟壑纵横的情形就逼迫着人从自身那里出离,出溜到存在的近旁,目标是使存在开动起来,并由此而使存在者的整体保持敞开。因此,强力－行事者不讲什么善意与慰藉(通常意义上的),也不认什么由于成就或功效以及对此类成效的肯认而来的心神安定。凡此种种,作为创制者的强力－行事者看到的只是完成之假象,他蔑视此假象。在愿闻前所未闻之事中,他摒弃一切援助。对他来说,沉没毁灭就是对威临一切者的最深邃、最宽广的听命应答。在那曾经卓有成效的作品毁灭破碎之际,在那种将此曾经卓有成效的作品视为某种不合式之物〈Unfug〉,视为那σάρμα(粪土)的认知之中,他就让那威临一切者听任其合式来行事了。然而,所有的这一切既不是以创制者的灵魂在其中辗转反侧的"灵魂体验"的形式,也不是以卑微的自卑感形式来进行,相反,这一切是以独一无二的自身开动起来的方式进行的。威临一切者,即存在,就作为历史在有所作为中得以见证。

历史性的人的亲在就是对那在存在者中开动着的存在进行敞开的突破口。他作为这个突破口乃是一个事 - 变①，在这一事变中，存在的威临一切的强力得到释放，它的强力力道突然绽放出来，开动成为历史。对于亲在的这一突然性与独一性，希腊人早有一番深切的预感，正是存在自身逼迫着他们进入这种预感，而这种预感又作为 φύσις, λόγος 与 δίκη 向希腊人吐露出来。一直令人不可思议的是，希腊人竟曾预言了他们要为后世数千年的西方来创造文化。因为希腊人在其亲在的这个独一的亟需中，独一无二地行使了强力。希腊人没有消除这个亟需，而只是增强了它，这样，他们就为自己本身强闯出一番天地，去展开真正的历史大业。

对于这个如此被体验到的，而且被诗意地回溯到其根柢处的人的存在本质，如果我们匆忙地予以某些评判，将之呵护起来，那么，它的森然隐秘的性质就将会使我们的领会永远不得其门而入。

以轻蔑的口吻，将人的存在评判为自大与傲慢，这就把人从其本质的亟需中抽离了开来，即从其是事 - 变这回事中抽离开来。这样的评判将人评估为某种现成的东西，将这个东西置放进某个空洞的空间中，然后再按照某种任意的、外在设置的价值列表来对之进行评估。还有一种与此相同的错误见解认为，诗人的言说，其实是对上述的人的存在的一种未说出的拒斥，是对一种无强力的

---

① 德文词 Zwischenfall 意思是"事变"，以及带有某种突发性质和灾难性质的"事故"。这里尤其需要指出的是，此词的字面意思是讲"中间"〈zwischen〉发生的"跌落"〈fall〉或"跌入其间"。海德格尔在这里加了连字符，除了强调其不期而至的"事变""事故"义外，还意在提醒我们注意其字面义，即作为人的亲在在存在的强力力道的施行过程中的作为"突破口"的"中间"作用，中译名未能充分表现出这种双关义。——译注

谦逊的隐晦举荐，其意义就在于要养护其不受惊扰的安闲自在。这一看法甚至可以在这首吟唱的结尾处找到其成立的根据。

一个这样的存在者[即最莽劲森然者]应当被隔绝在家事与乡议之外。然而，合唱歌的这段结尾词与其先前关于人的存在所说的东西并不矛盾。当歌队转而针对那最莽劲森然者时，它说的是：这种去存在的方式不是那通常的方式。这般的亲在不可能从那随意间行为举止的习惯状态中被挑拣出来。结尾词并无什么可惊奇的地方，反倒是如果没有它，我们就不能不惊讶了。正是在这段诗的抗拒姿势里，人的本质之莽森状态得到了直接的和完全的见证。随着这结尾之词，这首吟唱的言说就回过头来，与其开端处遥相呼应，笙瑟相和。

然而这一切和巴门尼德的箴言有什么关系？巴门尼德根本就没有说过莽劲森然。他只是用近乎平淡的口吻说，闻讯与存在之间休戚相关。休戚相关这句话什么意思？为了弄清这个问题，我们绕道去解释索福克勒斯。这对我们有什么帮助呢？难道我们能够简单地将之搬到对巴门尼德的解释中来吗？绝对不能。但是我们一定要想到，在诗性的说与思性的说之间有着源初性的本质关联，尤其当这里涉及的是一个民族的历史性亲在的、开端性的、诗－思的奠基和奠立。然而，除去这个一般性的本质关联，我们还可以随即看到这种吟诗与运思之间有着某种确定的、内容上共同的特征。

当我们在第二个步骤中对结尾曲段进行概括性刻画之际，我们曾特意将δίκη和τέχνη之间的交互关涉凸显出来。Δίκη是起威临一切之强力作用的合式，而τέχνη是知的强力－行事，二者的交互关涉就是莽劲森然的历事发生。

我们现在断言，巴门尼德的箴言中所说的νοεῖν（闻讯）与εἶναι（存在）的休戚相关不是别的，而正是这个交互关涉。如果证明了这一点，那么就会证实先前的那个主张是对的，即这一箴言最先厘清了人的存在的本质界限，而且不是偶然地从某个任意的角度来论及人。

为了证明我们的断言，让我们首先进行两项一般性的思考，然后我们再对此箴言尝试进行单独的解释。

Δίκη和τέχνη的交互关涉被诗意地道出，在这里，δίκη说的是存在者整体的存在。而在时间上早于索福克勒斯之前，这个词的此般用法就已在希腊人的运思中被碰到过。迄今最古老的流传下来的说法来自阿那克西曼德，他谈到存在与δίκη的本质关联。

在赫拉克利特对存在的本质进行规定的地方，他也同样提到δίκη的名称。残篇80开头就写道：εἰδέναι δὲ χρὴ τὸν πόλεμον ἐόντα ξυνὸν καὶ δίκην ἔριν...，"但需要看清楚，分－合－对峙本质上就是聚合到一起；而合式本质上则是相互对应的东西……"Δίκη作为严丝合缝式的榫合归属到相互对应的分合对峙，φύσις就作为这样的分合对峙，绽放着让显现者闪现（在场），并这样就作为存在在将起来（参见残篇第23，第28）。

最后，巴门尼德本人成了将δίκη这个词思性地运用于道说存在的标准性证据。Δίκη在他眼中就是女神。女神掌管着开启或闭合通向白昼与黑夜之大门的锁匙，即打开或者通往（无遮无挡的）存在；或者通往（伪装的）显象；或者通往（关闭的）虚无之路的锁匙。这也就是要说，只有当存在之合式被维护并且保持着的时候，存在者才敞开出来。这个存在作为δίκη就是存在者得以达到其榫接铆合的锁匙。在完整无缺地流传给我们的巴门尼德《教诲诗》的那30行有震撼力的开场诗中，我们可以毫无歧义地读出δίκη的这番含义。这样就清楚了：关于存在的诗性道说与思性道说都用到同一个语词δίκη来命名，也就是来奠立存在和厘清存在的边界。

还有另一个东西也可以用来对我们的断言进行证明。我们先前已经说明，存在者本身如何在闻讯中，即在接－受着〈hin-neh-mend〉的出－示〈Vor-nehmen〉中，被打开来，从而出－来－来到〈her-vor-kommen〉无蔽状态中。对诗人来说，τέχνη向着δίκη的冲击就是出了事，由于这个出事，人变得无家可归。正是在这样的出离家园中，家园之为那个家园才展开出来。但就在这其中，随着这一切，那个异他者〈das Befremdliche〉，那威临一切者本身也才会得到展开。正是在这莽劲森然的历事中，存在者整体随之得到敞开。这一敞开就是无蔽状态的历事发生，而这和那莽劲森然的历事是同一回事情。

当然我们可能会反驳说，这些不过是诗人之语罢了。然而，我们在巴门尼德的平实无华的箴言中所遗失的，正是那在这里曾经标画出来的莽劲森然。

因此，我们现在应当让这一思想的平淡无奇显出其真理的光芒，而这就要通过对此箴言进行单独的解释来达到。让我们事先把话挑明：如果说应当显明，闻讯就是与施行强力的存在（δίκη）本身的休戚相关，而且闻讯作为强力－行事是一种亟需，而作为亟需,它处在某种争斗[在 πόλεμος〈斗争〉与 ἔρις〈争吵〉的意义下]的必然性中;此外,如果在此证明过程中我们同时还显明,闻讯显然还和逻各斯有关联,而此逻各斯又表明为是人的存在的根基;那么,我们关于思性的箴言与诗性的言说之间有着内在的亲缘关联的断言就变得有根有据了。

我们想指出三点:

1)闻讯绝不是单纯的过程程序,而是决－择。

2)闻讯和逻各斯同处在一个内在的本质共同体中。逻各斯就是一种亟需。

3)逻各斯奠立起语言的本质。逻各斯本身是一场争斗,是立于存在者整体中的人的历史性亲在的正在进行建基的根基。

关于第一点。如果我们只是做到了避免将闻讯与运思活动,甚至与判断混淆起来,我们就仍然没有将 νοεῖν,将闻讯从其本质上理解透彻。前已标明,闻讯是一种对存在者的现象的接纳姿态,这意思不是别的,它说的就是独特地启程走向一条别具一格的道路。但这就包含着:闻讯是在穿越一个三岔路口。而只有当闻讯从根基上是面对无而向着存在决－择并因而与显象分合对峙之际,闻讯这样的穿越才会发生。然而,这样的本质性的决择,在其施行中和在其抵制那不断纷至沓来的日常习俗的纠缠中必须使用强力。正是这强力－行事,这般踏上通向存在者之存在征程的决－择性的启程,才使得人出离了那恰恰是最切身和习常东西的本乡故土。

只有当我们将闻讯把握为这样的一种动身起程,我们才会免于迷乱,不会去把闻讯误解为某种随意举出的人的行为,误解为人

对其精神能力的一种不言而喻的自发施行,甚至误解为某种偶然
发生的灵魂活动过程。相反,闻讯就是对习以为常的庸碌行为中
的抗争,以及从这种庸庸碌碌中的争而后得。闻讯与存在者的存
在之间的休戚相关并非自动发生的。对这种休戚相关的命名也绝
非是单纯地确定一个事实,相反,它指向那场争斗。箴言的平淡无
奇是一种思的平实。唯其平实,闻讯中的概念的严格才构成所把
握存在的根本形态。

关于第二点。先前我们曾为了使三条道路彼此之间得以清晰
地区分而引述残篇 6。当时我们有意识地压后了对第一行诗句做
更进一步的解释。其间我们也以别的方式阅读和倾听过这句诗
文:χρὴ τὸ λέγειν τε νοεῖν τ᾽ ἐὸν ἔμμεναι。我们那时给出的译
文是:"亟需处理的不仅有拢聚的置放活动,也还有去闻讯:在着的
(是着的)存在"。[①] 我们看到,在这里 νοεῖν〈思〉与 λέγειν〈道说〉,
闻讯与逻各斯一起被命名。此外,这个 χρή〈亟需〉也被突兀地摆
在诗句的开头。"亟需者,闻讯与逻各斯也"。这个 λέγειν 作为具
有同一特征的历事与闻讯一道被命名。Λέγειν 的命名甚至在先。
逻各斯在此的意思不能是作为存在之合式的会集,而必须指那与
闻讯合一的那种(人的)强力行事,正是借助此强力行事,存在才在
其会集中拢聚起来。亟需就是那采集,它归属于闻讯。两者都必
定"为存在之故"而发生。采集在这里说的是:在烟消云散,落入
无-常之中拢住自身,从显象的迷乱中重又截获自身。但是,这一

---

① 需要指出,海德格尔这里关于这句话的德文译文与前面〈参见德文初版第 85
页〉略有不同。——译注

采集还只是离弃,它只有通过作为进取的采集,即通过将存在者一同拉扯撕拽进入其存在的会集,才能够达到完成。因此,逻各斯在这里就这样作为采集挤入了亟需,而它又和作为存在(φύσις)之会集的逻各斯区别开来。λóγος作为采集,作为人之自我拢聚于合式,就把人的存在首先安置到他的本质中,而且,只要本乡故土还被那充斥着惯常、流俗与平庸的显象所支配,这样的安置就是置入到那无-家可归之中。

仍然需要追问的是,为什么这个λέγειν在νοεῖν之前得到命名。回答是:唯有从这个λέγειν出发,νοεῖν才获得其作为拢聚起来的闻讯之本质。

西方哲学在其开端这里所进行的对人的存在之本质的规定,绝不是靠随便抓几条"人"这个生灵区别于其他生命物的性征就会实现。人的存在从对存在者本身的整体的关涉中得到规定。人的本质在此显现为这样的关联,而正是这种关联才将存在向人敞开出来。人的存在就是闻讯与采集的亟需,它是那势必去接纳τέχνη,去接纳那存在的"认知着的开-动-起来"的自由势头。于是历史就发生了。

从作为采集的λóγος的本质出发,关于λέγειν的性质,我们就得出了一个本质性的结论。因为λέγειν,作为这样被规定的采集,关涉的是存在的源初性会集,但又因为存在就叫"来-进到-那-无蔽状态",所以,这个采集就有了敞开,使公开-出来这些基本特质,而λέγειν就这样与掩盖和遮蔽形成了鲜明而尖锐的对立。

关于这一点,赫拉克利特有一番话,讲得直截了当,毫不含糊。残篇93说:"那位在德尔斐发布神谕的神明,οὔτε λέγει οὔτε κρύπτει，不采集，也不遮蔽，ἀλλὰ σημαίνει，他只暗示"。采集在此与遮蔽对立。这里的采集就是去－蔽，就是"使公开"。

在此我们也许可以提出一个简单的问题：λέγειν，拢聚，这个词如果不依据它与在φύσις意义下理解的λόγος的本质关联，又是从哪里获得那与遮蔽相反的，使公开（去蔽）的含义呢？那绽放着的、自身显示着的存在力道就是无蔽状态。依据这一关联，λέγειν就意味着：将无蔽的东西本身，将存在者在其无蔽状态中置－立起来。① 于是，λόγος就不仅在赫拉克利特那里，而且也在柏拉图那里拥有了δηλοῦν〈显示〉，即"使公开"的性质。亚里士多德把λόγος的λέγειν标明为ἀποφαίνεσθαι〈展现〉，即"带到自身显示中"［参见《存在与时间》第 7 节与第 44 节］。这种把λέγειν标明为去蔽与"使公开"，就比恰恰在柏拉图和亚里士多德那里已经开始出现的对λόγος这一规定的衰落，愈加强有力地证明了这一规定的源初性，而正是通过这一衰落，逻辑学才成为可能。自那以后，也就是说两千多年来，在λόγος，ἀλήθεια，φύσις，νοεῖν与ἰδέα之间的这些关系都被隐匿和掩盖在不可理解的状况之中。

但在开端时就发生了这样的情形：λόγος就是使得……公开出来的采集活动，而具有φύσις意义的合式的存在也作为这采集出现。作为这采集，λόγος就变成为历史性的人的本质必然性。由此再往前跨一步，我们就可以把握，如此领会的λόγος是怎样规定了语言的本质，以及λόγος又是怎样变成了为言谈而取的名称。

---

① 德文中，"herstellen"有很强的"制作"、"生产"的含义。海德格尔在"her"与"stellen"之间加上连字符，意在强调这个词的原本含义是"置放到这里，并将之立起来"。——译注

人的存在，依照其历史性的、敞开历史的本质说，就是逻各斯，就是存在者的存在的采集与闻讯，亦即是那个最莽劲森然者的历事，在此历事中，那威临一切者，经由强力－行事，来到现像之中并得以驻停。但从索福克勒斯的合唱歌《安提戈涅》中我们听到：在向着存在出奔的同时，在语词，语言那里就会出现自身－发现这回事。

在对语言之本质的追问上，总不断地浮现出追问语言之起源的问题。人们总是从一些古怪的途径来寻觅答案，而对语言起源问题的首要的、有决定意义的答案即在于这个起源始终是一个神秘。并非因为自古迄今人类不够精明，而是因为所有的精明和机敏在还没亮出本事以前就已经落空了。这一神秘特质隶属于语言之起源的本质。但关键在于，语言只能在人向着存在的出奔中，从威临一切者与莽劲森然者那里开端。在这一出奔中，语言曾经作为存在的词语生成就是：作诗。语言就是那原始的诗，在其中，一个民族吟唱存在。反过来说，一个民族赖以跨入历史的伟大诗作，就开启了这个民族之语言的锻造塑形过程。希腊人凭借荷马创造并亲历了这等诗作。语言，作为向着存在的出奔，作为存在者的敞开着的锻造塑形，曾经对希腊人的亲在，敞亮打开。

有人说，语言就是逻各斯，就是采集，此说法其实完全并非不言自明。不过，关于语言作为逻各斯的这一释义，我们从希腊人的历史性亲在之开端处着手来进行领会，这是一个根基性的取向，在此方向上，存在在根本上向着希腊人敞开，而希腊人则将存在带入存在者中驻立。

所谓语词，命名，就是要把敞开自身的存在者从那直接的、威临一切的强力潮涌中拽回到其存在那里去，将之葆有在这种敞开、这种厘清划界和常驻状态之中。命名并不是在事后来为一个早已敞开出来的存在者配上一个被称为语词的标记和记号,而是反过来,这语词乃是从作为存在之敞开的源初性强力行事的高空降落才进入单纯符号的,而这一降落又通过符号自身硬挤到存在者之前来进行。在源初的言说中,存在者的存在在其会集的榫接铆合中得到敞开。而此一番敞开又被拢聚在第二层含义中,依此含义,词语葆真那源初性的采集物〈das Gesammelte〉,这样也就掌管着那存在力道的发力者,掌管着 φύσις。人作为在逻各斯中,在采集中的站立者,行事者,就是那拢聚者〈der Sammler〉。人承受着并实现着那威临一切者的存在力道的威权。

　　但我们知道:这般强力行事的就是那最莽劲苍然者。为 τόλμα〈冒险〉之故,即冒险之故,人必祸福难测。在语言作为行使强力的采集〈Sammlung〉,作为威临一切者的扼制与葆有而开口说话的地方,而且仅仅在那个地方,也才必然出现无拘无束与失落。因此,语言作为历事活动总是马上就成为闲言杂语,它不去敞开存在,却遮盖存在,不拢聚到榫合〈Gefüge〉和合式〈Fug〉那里去,却散失到无法无天的胡作非为〈Unfug〉中。逻各斯自身并不自动生成为语言。这个 λέγειν 乃亟需:χρὴ τὸ λέγειν,亟需就是那对存在着的存在的采集着的闻讯。〔这亟需又是从何处逼迫而来?〕

　　关于第三点。因为语言的本质是在存在的会集状态的采集中被发现的,所以只有当道说与倾听都涉及逻各斯之际,作为日常言谈的语言才会达到它的真理,而这个逻各斯就是在存在意义上的会集。由于在这个存在及其榫接铆合中,存在者源初性地,而且仿佛是设定标准般地预先已经成为一个 λεγόμενον〈被说出者〉,即被拢聚到的,被说出的,被诵读和被明确说出来的东西。现在我们才第一次把握到巴门尼德的那个说法的完整意涵关联,而按照这一说法,闻讯为存在之故而发生。

这段话(残篇8,34－36)是这样说的:

"闻讯与闻讯为之故而发生的东西在自身中休戚相关。在存在者中存在已经被说出,如果没有这存在者,你将不可能找到(通达)闻讯活动"。① 逻各斯就是φύσις,与它的关联就使得λέγειν成为闻讯着的采集,但这又使得闻讯活动成为集聚着的闻讯。所以这个λέγειν,为要使自身一直就是被拢聚的,就必须抛弃一切只是信口开河,耍嘴皮子和巧舌如簧。在巴门尼德那里,我们也还发现有λόγος和γλῶσσα〈议论〉之间的尖锐对立(残篇7,第3行及以下)。这一段话和残篇6的开头相呼应,那里说的是关于走上第一条路的事情,这是一条无可避免的通往存在的道路,彼处有一种亟需,将自身拢聚到存在者的存在那里。而现在涉及的是第三条路,这是一条走入显象的路,我们谈的是行路指南。这条路穿过那还总是立于假象中的存在者,它是一条惯常熟路。因此,有识之士必须不断地从这条路上调转,回头进入存在者之存在的λέγειν和νοεῖν:

> "而你不应让特狡诈的习常
>
> 　　迫汝走上这条道路,
>
> 这会陷身于茫然的呆视和嘈杂喧闹的

---

① 海德格尔这里的译文与前面〈第106页〉的译文略有不同,关键在于"同一的"改为"在自身中休戚相关"。——译注

闻听，

还有那巧舌如簧；你须断然地决断，把那些由我给出的，

纷然对立的头绪，

在汝面前拢聚归一。"

这里的Λόγος与κρίνειν〈决断〉有着最紧密的关联，而这κρίνειν就是那在向着存在的会集状态的采集过程中的断-然之决断。这般有所选择的"采选"〈Lesen〉①就造就并承担了对存在的追逐和对显象的拒斥。在κρίνειν中，选拔，凸显，分等定级，这些含义聚在一起，灵动活现。

通过指明这三个层次，我们对上述箴言的阐释已足以显出：巴门尼德实际上也是在本质性的层面上论及逻各斯的。这个逻各斯就是一个亟需，它自身行使强力，去拒斥耍嘴皮子与散乱无章。这个逻各斯作为λέγειν就与φύσις对立而行，而就在此一分离中，逻各斯作为采集之历事成为了那奠定人之存在的根基。因此，我们能够说：关于人的本质的决定性的规定首先就在此箴言中得到了实现。人的存在就意味着：经受以下三种情形，即经受采集，经受拢聚着地去闻讯存在者的存在，以及经受用认知的方式去开动现象活动；并从而去掌控无蔽状态，葆真其不遭遮蔽与掩盖。

如此说来，对存在的追问必然包含有亲在的奠基，这在西方哲学的开端处就已经是显而易见的事了。

---

① "Lesen"在现代德文中的另一更加流行的含义是"阅读"，但按照海德格尔的思路，"阅读"的原本意义应该可以归结到"采选"。——译注

存在与亲在的这一关联（以及相应的对此关联的追问），根本不会靠着诉诸知识论的提问方式来达到，也极少可能通过那表面的断定，即任何对存在的了解似乎都有赖于某种对亲在的了解来达成。〔甚至于如果说对存在的追问不仅仅是寻求存在者的存在，而且是在其本质中去寻求存在本身，那么就更加地和明确无误地需要有一种从这一发问而导引出来的对亲在的奠基，因此而且唯有因此，这一奠基才有了"基础存在论"的名称。参见《存在与时间》的导论。〕

我们认为，对人之存在的本质的这番开端性的敞开有着决定性的意义。不过，这等开端性的敞开并未得到看护和保持，它有着一个全然不同的结果：那个将人视为理性生物的定义，后来在西方甚为流行，它直至今日也依然是占统治性的意见和立场，毫不动摇。为了使得这一定义与那对人之存在的本质所做的开端性敞开之间的差距变得清晰可见，我们可以用公式将这个开端与结局进行对比。显现结局的公式是：ἄνθρωπος = ζῷον λόγον ἔχον：人 = 配置着理性的动物。现在让我们用一个自由创制的公式来把握开端，它同时也总括了我们迄今为止所进行的阐释：φύσις = λόγος ἄνθρωπον ἔχων：存在，这个威临一切的现象活动，亟需采集，而这个采集，就担当与建基着人之存在。

在结局那边，逻各斯与人之存在之间虽然尚有一丝关联，但这个逻各斯早已外在化为智性与理性的一种能力了。这一能力自身又建立在某个特别种类生物的现成性之上，建立在ζῷον βέλτιστον，即最优异的动物身上（塞诺芬尼）。

而在开端这边，倒是反过来，人之存在于存在者之存在的敞开中奠基。

如果从那个大家都习惯的与占统治地位的定义的视野出发，从受到基督教规定的近代以及当今的形而上学，知识论，人类学与伦理学的视野出发来看，我们对这一箴言的阐释就必然显得是一种任意的曲解，是对某种"精确的解释"根本无法确认的东西的穿凿附会。这话说得不错。在今天习以为常的看法看来，我们所说的东西，就其结果而言，事实上只不过是那业已成为陈词滥调的海德格尔式的阐释行为的强暴之举和偏激之辞罢了。然而，我们在此可以而且必须问一问：哪一种阐释才是真的阐释？究竟是那种简单地对其领会的视轨照单全收的阐释呢——因为这一阐释已经落入其中，因为它自命为流行而且不证自明？还是那种在根本上对惯常的视轨发出疑问的阐释——因为情况有可能是而且事实上也是这样的，即这一视轨根本就不指向那个理应去看的东西？

然而，放弃流行、回溯到发问的阐释乃是一跃。唯有那有着正确起跑的人才能够跳跃，一切都取决于这个起跑，因为这起跑意味着，我们自己重新在实际上发问问题并且在这些发问中原创出条条视轨。但是，这事既不会在放任不羁的浮想联翩中发生，也不会在对一种宣称为规准的体系的固守中出现，相反，它在而且从历史的必然性中，从历史性的亲在之亟需中发生。

Λέγειν与νοεῖν，采集与闻讯，都是一种亟需和一种与威临一切者的相逆反的强力－行事，但因此它们也就恰恰只是为着这威临一切者。于是，这些强力行事者就必定要在这个强力－行事面前一再被吓得后退，但却又不能退。就在这样的因恐惧而后退而又意欲－强行之际，就一下子闪现出了这样的可能性，即如果存在,那自身作为 λόγος,作为相反者的聚集状态而在将起来的绽放着的存在力道,得以在隐蔽中藏身,而任何现象活动的可能性也就都会因此以某种方式得到拒斥,那么,那威临一切者的发威发力就会在最确切和完满的意义上争而后得。最莽劲森然者的强力行事中就包含有这样的胆大妄为[这其实是最高的赞誉],即在对向着闪现着的存在力道的任何敞开的拒斥中去威临征服它,并通过将其所有强力一直隔绝在现象活动的场域之外,与此闪现着的存在力道较劲对垒。

对于亲在而言,对如此这般的向着存在的敞开加以拒斥,其意义恰恰就在于:放弃其本质。而这就要求:出离存在,或者呢,永远不进入亲在。又是索福克勒斯,他在悲剧《俄狄浦斯王》的一首合唱诗[第 1224 以下诗行中说出过这样的话:μὴ φῦναι τòν ἄπαντα νι/κᾷ λόγον:"倘若从无涉足亲在,胜过存在者整体的会集"。①

Μὴ φῦναι,即从未承担过亲临 - 存在,这里说的是人,说的是那在本质上和 φύσις 拢聚在一起并作为其采集者的人。此处是用 φύσις 和 φῦναι 来说人的存在,而 λόγος 则是在赫拉克利特意义上的,作为存在者整体的起着存在力道的合式。这个颇具诗意的语词道出了亲在与存在及其敞开状态的内在关联,同时这也因此就说到了存在的最遥远处,即非亲在〈das Nichtdasein〉。亲在的那个最莽劲苍然的可能性就在这里显现自身:在反抗自己本身的最高级的强力 - 行事中打破存在的威临一切之强力。亲在所拥有的

----

① 　参照英译,此句希腊文的通常译法为:"倘无涉世人生,胜过一切言语"。——译注

这种可能性并非是一空空如也的出路，相反，只要亲在存在，它就是这样的一种可能性，因为它作为亲在，注定要在一切强力－行事中，为了存在而粉身碎骨，鞠躬尽瘁。

这看起来有点像悲观主义。但用这个名称来称呼希腊人的亲在则似乎是有点弄反了。这不是因为希腊人根本就是乐观主义者，而是因为这个评价对希腊人的亲在来说，完全就是风马牛不相及的事情。希腊人自然要比任何一个可能的悲观主义者更加悲观，但也比任何一个乐观主义者更加乐观。他们要去抵达那悲观主义与乐观主义彼岸的历史性亲在步伐尚未跨出。

这两种评价观察亲在的手法是一致的，它们事先就把亲在看成是一桩生意，不是一桩坏生意就是一桩好生意。这样的世界观，用叔本华的名句来表达就是："生活就是一桩生意，它总在赔本。"此言差矣，并非因为"生活"归根到底还是赚够本的，而是因为生活（作为亲－在）根本就不是在做生意，虽然说千百年来的生活已然成为了这个样子。也正因如此，希腊的亲在才会对我们一直如此的陌生。

非－亲在是对存在的最极端的胜利。亲在就是那针对着存在的强力－行事的不断亟需，它屡败屡战，伏而又起；而且正是以这种方式，存在的威临一切的强力强－逼着（取其字面义）亲在成为其现象活动的场所，并且将之作为这一场所反复蹂躏之，彻头彻尾地支配它，并因此而将亲在拘留在存在之中。

Λόγος和φύσις出现了分道扬镳，但这还不是逻各斯的脱颖而出。这里是要说，这个逻各斯和存在者的存在尚没有那样的对立而峙，尚无和它"对台"到如此地步，以至于逻各斯使自己本身〔作为理性]①成为对存在的会审法官，并且承担与调控着对存在者的存在之规定。

这种情形只有在下列情况出现时才会发生，即逻各斯遗弃了它开端时的本质，此时存在作为 φύσις 也就被掩盖和曲解了，于是人的亲在也就跟着改变了。这是一段我们长久以来就处身于其中的历史，这一历史的漫长结局就是思维作为 ratio（既作为智性也作为理性）对存在者之存在的统治。从此就开始出现了"理性主义与非理性主义"之间的对台戏，这个把戏直至今日也还在一切可能的伪装下，顶着种种破绽百出的名目，粉墨登场。非理性主义仅仅只是理性主义之懦弱无能与完全失败的公开化，因此它自身还是同一种理性主义。非理性主义是从理性主义中出来的一条出逃之路，但这条出路却不引向自由，而会更多地纠缠到理性主义之中去，因为它导致了一种看法，即以为理性主义只消通过单纯地对之说不就会得到克服；其实，它现在只是变得更危险了，因为它竟可以在被掩盖和不受干扰的情况下登堂入室。

思维[作为逻辑理性]对存在者之存在的统治是如何完满地建立起来的呢？描述这段内在的历史不属于我们这门课的任务。除了有着内在的困难之外，只要我们自身还没有将本己发问的力量，从我们的历史中以及为了我们的历史，在其现今的世界时刻中激发出来之际，这样的描述是谈不上有任何历史的效应的。

然而，必须要显示一番的倒是，在 λόγος 与 φύσις 最初出现分道扬镳的那个根基上，如何演变出了逻各斯的脱颖而出，然后这一

---

① 　1953 年德文版此处为圆括号。——译注

脱颖而出又如何导致了理性统治地位的奠立这一结局。

逻各斯的脱颖而出以及逻各斯之被酝－酿成为存在的审判法官还都出现在希腊哲学之内。它甚至还决定了这一哲学的终结。唯有当我们同时在希腊哲学的开端性结局中把握了这个开端，我们才是掌控住了作为西方哲学开端的希腊哲学，因为唯有这个而且只有这个开端性的结局变成为后继时代的"开端"，而且其方式为：这一后世的开端同时掩盖住了开端性的开端。但是，作为这一伟大开端的开端性结局的柏拉图与亚里士多德哲学，即使我们对他们在西方的伟大影响尚未做出完整的估量，依然还是伟大的。

我们现在问：逻各斯的脱颖而出与对存在的优越地位是如何产生的？存在与思想之分野的决定性拓展是如何发生的？在此对这段历史也只能做些粗线条式的勾勒。因此，我们就从结局出发来发问：

1）在希腊哲学终结处，即在柏拉图与亚里士多德那里，φύσις 与 λόγος 的关系看上去是怎样的？而在这里 φύσις 又是怎样被领会的？Λόγος 有着怎样的形态？扮演何种角色？

2）这个终结是如何达到的？此转变的真正根基何在？

关于第一个问题。在这一终结处，语词 ἰδέα，εἶδος，"理念"作为存在（φύσις）的标准与支配语词盛行天下。由此以往，直至今日，将存在阐释为理念就在历史上统治支配着一切西方思想的演变。在西方思想之第一阶段的伟大而具有结局意义的终结处，在黑格尔的体系中，现实事物的现实性，绝对意义上的存在，都被把握和明确地命名为"理念"，这些都是有根由的而且这根由就在那发源处。然而，在柏拉图那里，φύσις 被阐释为 ἰδέα，这又是什么意思呢？

我们在第一次把希腊人对存在的体验导引式地刻画出来时，就已经在列举其他名称的同时，列出了 ἰδέα, εἶδος。如果直接去读黑格尔哲学，或其他任意一位近代思想家，或中世纪的经院哲学家，我们到处都会遇见用"理念"这一名称来指谓存在。如果我们不自欺欺人，那么这事基于惯常的想法就是不可理喻的。反之，如果我们从希腊哲学的开端出发一路跟过来，这情况就不难理解了。这样，我们也可以立刻来量度将存在阐释为 φύσις 与将之阐释为 ἰδέα 二者之间的差距。

ἰδέα 这个词的意思是指在可见之物身上所看到的东西，是指某物呈现出来的外观。被呈现出来的东西都是一个个样貌，是迎面撞上的东西的 εἶδος〈理型〉。一件事物的样貌就是我们所说的这件事物赖以现身于我们面前的样子，它表－像自身和自身站在我们面前的样子，它在这个样子中并即以这个样子在－场，这也就是希腊意义上的存在着。这个站立就是从自身中绽放开来的东西的常驻持立，即 φύσις 的常驻持立。但这个常驻者的站到－这里，从人的角度看来，同时也就是那从自身出发在－场的东西的凸显，就是那可闻讯的东西。那在场者，即存在者，就在样貌中，在其所是及如何是中踌躇而立。它经历了闻－问〈ver-nommen〉，得到了接纳〈genommen〉，它为某种接纳所拥有，成为其所有物，它成为那正在在场者的可供使唤的出场，即 οὐσία〈本体、在场〉。于是乎，οὐσία 就可能有两层意思：某个正在场者的出场与这个在其外貌之所是中的正在场者。

接着出现的 existentia〈实存〉与 essentia〈本质〉之间的区别起

源就隐藏于此。[如果我们不假思索,反而干脆从传统中将这一流行的 existentia 与 essentia 间的区别照单全收,那么,我们就绝对看不出,existentia 与 essentia 以及它们之间的区别,究竟如何会为了标识出存在者的存在而从这一存在那里凸显出来。然而,如果我们把ἰδέα(样貌)领会为出场,那么它就会在两重意义上显示为常驻持立。一层意义是说,在样貌中有着从无蔽状态中站出来这回事,这就是那单纯的ἔστιν〈是〉。而另一层意义是说,那有样貌者,那踌躇而立者,在样貌中显示,这就是那τί ἔστιν〈是什么〉。]

这个ἰδέα就是这样地构成了存在者的存在。但是,这里的ἰδέα与εἶδος是在一种被引申的意义上使用的,它不仅指那些肉眼可见者,而且指一切的可闻讯者。每个存在物总要在它的样貌中才是某个东西,而这个样貌则呈现出(让出场)这个东西。

但是,我们大概会问,这样将存在阐释为ἰδέα真的就是希腊的本义吗?这一阐释之不可避免的必然性来自于下面的情形,即存在作为φύσις;作为绽放着的存在力道;作为现象;作为站在﹣光明﹣中来得到体验。难道说那个在现象中显现出来的东西还显示出了某种不同于它的样貌,不同于它的ἰδέα的东西吗?将存在阐释为ἰδέα与将它阐释为φύσις之间相距几何?如果说传统上千百年来我们都在用柏拉图式的眼光来看待希腊哲学,那么,这个希腊哲学的传统怎么可能不完全正确呢?通过柏拉图的将存在阐释为ἰδέα,这一阐释很少偏离开端,更不能说它背离了开端,相反,它对这一开端的把握更加的宽广和一针见血,它还通过“理念说”为这一开端奠基。柏拉图哲学就是这个开端的完成。

事实上无可否认的是:将存在阐释为ἰδέα乃是从存在作为φύσις

这一根本经验中得出来的。我们想说,存在的本质就是那绽放着的闪现活动的本质,而将存在作为ἰδέα来阐释,这是从这个本质中得来的一个必然后果。这里不存在什么对开端的疏远,也不存在什么背离,完全没有这回事。

但是,如果那原来是本质的后绪的东西被提升为本质自身,而且它还因此取代了本质,那将如何是好? 接踵而来的就是背离,而且这个背离还会导致其特定的后果。它就这样发生了。根本就不是将φύσις标画为ἰδέα,而是相反。于是,ἰδέα就被提升为对存在的唯一和权威的阐释,它自始至终都是那决定性的东西。

如果我们注意到,φύσις和ἰδέα这两种对存在的本质规定性运行在两种不同的视轨上,我们就可以很容易地估量出这两种阐释之间的偏差。φύσις是绽放着的存在力道,是持行自立,是恒立常驻。而ἰδέα,只要当它,而且仅仅只要它站在某种观看的对面,它就作为那被看见的东西的样貌,成为那恒常的一种规定性。然而,φύσις作为绽放着的存在力道却已是某种现象,确实如此。不过这等现象的含义是双重的。一方面,现象说的是那自身拢聚着的,使－自身－站住并站在会集中;但另一方面,现象意谓着:作为已经站在那里的东西,呈现出前面,表面,一个提供出来用于观望的样貌。

让我们从空间的本质方面来看看这两种现象之间的区别:第一层意义上的,而且是本真意义上的现象,作为那拢聚起来的使－自身－站住,纳有空间。但唯有当它这样站立着为自身开辟空位,促成一切归属于它的东西,而又不让自己被仿制时,它才占据了那个空间。第二层意义上的现象只是从一个已然完成的空间中脱颖而出,通过某种观望,它被看成是这一空间的已然固定的延伸。这一成就事情的观看,而不再是那事情自身,现在成了决定性的东西。第一层意义上的现象首先撕扯出〈aufreissen〉空间,而第二层意义上的现象只是赋予它一番轮廓〈Aufriss〉,[1]并且去度量那业已打开的空间。

然而,巴门尼德的箴言中不是已经说过,存在与闻讯,还有看与所看见的东西休戚相关吗? 一个所看见的东西固然归属于看,但并不因此就得出结论说,只是这般可视见的情况本身就能够而且应当规定着那所见东西的在场。巴门尼德的箴言说的恰恰不是应当从闻讯那里,即从仅仅闻讯到的东西那里来把握存在,相反它说的是:闻讯听从存在的旨意。闻讯公开存在物的方式应当是这样的,即它将存在物置放回到〈zurückstellen〉它的存在中去;它根据下面的情形来取舍存在者,即它事实上怎样以及作为什么东西来将自己置前－表像出来〈sich vor-stellen〉[2]。然而,当存在被阐释为ἰδέα的时候,不仅一种本质性的后果被曲解成本质自身,而且这个曲解还又一次被误解,并且这样的事情就一再发生在希腊人的经验和赋义过程中。

理念作为存在物的样貌就构成了这个存在物的是什么。这个是什么,这个在此意义上的"本质",即本质的概念,也就有了双重的含义:

---

① 需注意德文动词"aufrissen"〈撕扯〉与名词"Aufriss"〈轮廓〉之间的字面联系。——译注

② 需注意"zurückstellen"〈置放回到〉与"vor-stellen"〈置前－表像〉之间的字义关联。——译注

a. 某个存在者在将起来，在存在力道中发力，唤起并获得那归
　属于它的东西，即那对立争斗。

b. 某个存在者作为这个东西或那个东西在将起来，它具有那
　是什么的规定性。

在 φύσις 变化为 ἰδέα 的过程中，这个 τί ἐστιν⟨是－什么⟩是怎
样涌现出来的以及这个 ὅτι ἔστιν⟨是－如此⟩又是怎样与前者相
对而被区别出来的呢？这也就是 essentia 和 existentia 之区别的
本质性来源。这个起源曾经被简要勾勒过，但在这里我们不想去
追究它。［1927 年夏季学期的讲课稿《现象学的基本疑难》，全集
第 24 卷，1975 年出版，曾探讨过这一问题。］

　　然而，只要存在的本质还在于这个是什么（理念）中，那么，这
个作为那存在者的存在也就成了存在者那里的最具实存性的东西
⟨das Seiendeste⟩了。这个最具实存性的东西在这个意义上就是
那本真的存在者，即 ὄντως ὄν⟨存在者本身⟩。作为 ἰδέα 的这个存
在现在被拔高为本真的存在者，而那个存在者自身，那个原先在存
在力道中发力者，却下降为柏拉图所谓的 μὴ ὄν⟨不存在者⟩，这个
μὴ ὄν 其实就不应当存在，而且实际也不存在，因为它在其实现的
过程中，在将理念，即单纯的样貌塑形到质料中去的时候，总会使
之走形。而 ἰδέα 这个东西就变成了 παράδειγμα⟨超级标准⟩，变成
了母本⟨Mutterbild⟩。理念同时而且必然就变成了理想。摹仿出
来的东西本来不"在"，而只是分有存在，是 μέθεξις⟨分有⟩。而那个
χωρισμός⟨分裂⟩，那个作为本真存在者，即作为前像⟨Vorbild⟩与
元象⟨Urbild⟩的理念，与作为本真的不存在者，即摹像⟨Nachbild⟩
和映像⟨Abbild⟩之间的裂隙，就被撕扯开来了。

现在,现象就从理念那里又获得了另一种含义,即显现者、现像。它不再是φύσις,不再是绽放着的存在力道,也不再是样貌的自身展示。相反,现像乃是映像的浮现。就这个浮现绝不可能达到它的元象而论,此显现者就是单纯的现像,一个真正的假象,也就是说,它如今还是个亏缺。现在ὄν和φαινόμενον〈现象〉出现了分离。这里还有着一个更加深远的本质性后果。因为真正的存在者是ἰδέα,而这个ἰδέα才是前像,所以,一切存在者的敞开都必须要趋同于那个元象,相似于那个前像,以那个理念为准绳。φύσις的真理就是ἀλήθεια,那个在绽放着的存在力道中在起来的无蔽状态,它现在变成了ὁμοίωσις〈相似〉与μίμησις〈模仿〉,变成了与……般配;变成了以……为准;变成了观看,即作为表像的闻讯的正确性。

如果我们首先恰当地把握了这一切,那我们就不会再否认,伴随着将存在阐释为ἰδέα,出现了一种对源初开端的偏离。如果我们在这里谈得是一种"坠离"[1]的话,那么就必须确认,这种坠离无论怎么讲都还高高在上,并未沉沦陷落。下面我们不妨来测量一下这个高度。希腊亲在的伟大时代本身是独一无二的古典鼎盛,它的恢宏之处就在于,它竟然为一切古典主义创造出了形而上学之可能性的前提条件。在ἰδέα〈理念〉,παράδειγμα〈超级标准〉,ὁμοίωσις〈相似〉和μίμησις〈模仿〉这些基本概念中,古典主义的形而上学已经被勾勒出了轮廓。柏拉图还不是古典主义者〈Klassizist〉,因为他还不能够是那个东西,尽管如此,他却是那古典主义

---

① 德文中,"Abfall"〈背离〉又有从高处坠跌,脱落之义。——译注

的祭酒〈Klassiker〉。存在从φύσις到ἰδέα的这一演变，自身就促成了一种本质性的运行形态，不仅西方的技艺史，而且西方整个历史都在其中运行。

现在应该追踪一下，相应于φύσις的变义，逻各斯会生出些什么花样。存在者的敞开出现在作为采集的逻各斯中。这个采集源初地在语言之中进行。因此，逻各斯就变成了言谈中颁布标准的本质规定性。作为已说出来的东西，要说的东西以及可重新述说的东西，语言总葆真为敞开出来的存在者。那要说的东西就可能被重说，被一再地继续说，而在其中被葆真的真理就得到了拓展传播，而且，这一拓展传播就导致出现这样的情形，即不会每次都对那在采集中源初敞开的存在者自身进行独一无二的体验。在继续述说的东西中，真理仿佛就从存在者那里脱落了。这种情形有可能走得如此遥远，以至于那重说变成为某种单纯的道听途说，变成γλῶσσα〈花言巧语〉。一切述说出来的东西都恒常地处于这一危险中。[参阅《存在与时间》第44节 b]

这就意味着，关于真实的决断现在体现为正确述说与单纯道听途说之间的争执。在述说与命题陈述意义上的逻各斯现在就变成了关于真理，即源始地关于存在者的无蔽，因而也就是关于存在者的存在之决断的领域与处所了。逻各斯作为采集，一经开启，就是无蔽状态的历事活动，而逻各斯就生根于这个无蔽状态中，为之效力。而现在，作为命题陈述的逻各斯则反过来成了正确性意义之上的真理之处所。于是就有了亚里士多德的这个命题，据此，逻各斯乃是或者为真，或者为假的命题陈述。真理作为无蔽状态原本为存在力道中的存在者自身的某种历事，它通过采集来进行掌控,现在却成了逻各斯的属性。由于真理成了命题陈述的属性,它就不仅改换了它的处所,它还转变了它的本质。就命题陈述的角度而言,如果述说抓住了那个它所陈述的东西,如果这个陈述对准了那个存在者,那么也就达到了真实。真理成了逻各斯的正确性。逻各斯本来束缚在无蔽状态的历事活动那里,但这样一来,它就脱身而出了,而且还出现了这样的情况,即现在关于真理,因而关于存在者的决断,都要从逻各斯出发并且回到逻各斯上去。不仅事关存在者,甚至首先事关存在的决断,也是一样。逻各斯现在成了 λέγειν τὶ κατά τινος,成了就事论事。① 而这个所论之事总就是那个有根有据于命题陈述之上的东西,是伫立于命题陈述面前的东西,是那 ὑποκείμενον(subjectum)〈基体〉。逻各斯独立出来成为命题陈述,如果从逻各斯的这一意义出发来看,存在也就作为这般的伫立－在先登场亮相了。[关于存在的这一规定与 ἰδέα 的情况有些相像,ἰδέα 的可能性在 φύσις 中已然预先成形。唯有这个从自身出发绽放开来的存在力道才可能作为在场被规定为样貌和伫立－在先〈Vor-liegen〉。]

在命题陈述中,那个有根有据的东西以不同的方式呈现自身:诸如这样那样的形态;这样那样的大小;这样那样的关联。但形态之为形态,大小之为大小,关联之为关联,②这些都是存在的规定性。因为存在的规定性作为所述说出的东西的方式都是从逻各斯那里来创立的－命题陈述就是 κατηγορεῖν〈分疏〉————,所以,存

---

① 参见亚里士多德,《解释篇》第5－6章。——译注

② "Beschaffensein"、"Großsein"、"Bezogensein"这些德文词后面都加上了"-sein",其意义为使得"形态"、"大小"、"关联"成其为可能的"存在"。——译注

在者之存在的这些规定性就叫κατηγορίαι，范畴。从此，关于存在以及存在者本身的规定性的学说就变成了去研究范畴及其规则的学说了。所有存在论的目标都成了范畴学说。存在的根本特性就是范畴，这在今天，而且长久以来就被认为是不言自明的了，然而这在根本上却是个让人感到怪怪的事。逻各斯作为命题陈述，是否以及如何在与φύσις的关涉中，不仅与之分离，而且与之对立的呢？同时，它是否以及如何还作为那颁布标准的领域，即变成为存在之规定性的发源地，登场亮相的呢？唯当我们把握了这些，上述怪异的感觉方可得到理解。

这个逻各斯，φύσις，在命题陈述意义上的言辞，对存在者的存在的决定性作用竟是这般地源初，它导致出现了这样的情况，即每当出现一个言辞与其他言辞相抵牾，每当出现一个对反－言辞，即ἀντίφασις〈矛盾命题〉之际，这个相互矛盾的东西就不能够存在。相反，举凡不矛盾者，则至少有可能存在。亚里士多德的矛盾律究竟具有"存在论的"意义，还是具有"逻辑学的"意义？这一古老的发问和争论在提出时就错了，因为对亚里士多德来说，既没有"存在论"，也没有"逻辑学"。两者都只有在亚里士多德式的哲学的地基上才会出现。毋宁说，正因为矛盾律是逻各斯的一条基本法则，是"逻辑的"，它才有了"存在论的"意义。因此，矛盾律在黑格尔辩证法中遭到扬弃，这在原则上并非是对逻各斯之统治地位的克服，相反，这只是这一统治地位的最大提升。［黑格尔用"逻辑学"来冠名那真正的形而上学，即"物理学"，这既是在范畴之处所的意义上追忆逻各斯，也是在开端中的φύσις的意义上追忆逻各斯。］

在命题陈述的形态下，逻各斯自身就变成了某种在面前遇到的东西了。这一现成物因此就是某种方便使用的东西，某种可以用来赢获与确保作为正确性的真理的手段。于是，将这种用来赢获真理的手段把捉为工具，即ὄργανον〈工具〉，而且以正确的方式使这一工具变得顺手，并非一件难事。随着φύσις变为εἶδος和λόγος变成κατηγορία〈范畴〉而来的存在者之存在的源初性敞开遭到驱离的情况变得愈加明确，就愈有这个必要。通过讨论学习、讲授施教和规范规定，这种作为正确的真就被传布得越来越广，越来越远，这样它也就常常变得愈加平面化了。作为工具的逻各斯对此必须做好准备，逻辑学的降生时辰来临了。

因此，古代的学院哲学将亚里士多德的与逻各斯有关的作品归在《工具论》的名下，这并非没有道理。逻辑学也随之在基本特征上羽翼已丰。这样，康德才可以在两千年后的《纯粹理性批判》第2版序言中说：逻辑学"自亚里士多德以来就不允许退后半步"，"它迄今也不能再向前跨上一步，而且就所有的方面来看，它似乎也已经是完全的和完成的了"。[①] 这不仅是看似如此，也确实是如此。尽管有康德与黑格尔，逻辑学在本质上与开端上并未在进展分毫。唯一可能的出路就是将其[即作为阐释存在的权威视轨〈Blickbahn〉]从根基上连根拔起。

现在让我们来综观一下我们关于φύσις与λόγος所说的东西：φύσις变成了ἰδέα（παράδειγμα〈超级标准〉），真理变为正确性。逻各斯变为命题陈述，变为作为正确性的真理的处所，变为范畴之起源，变为关于存在之可能性的基本法则。"理念"与"范畴"就是

后来的两个名称,西方的思想、行动与估值,全部的亲在,都在其名下安身。从φύσις到λόγος的转变以及随此而来的两者间相互关系的转变就是一种从开启中的开端的脱落。希腊人的哲学达到西方的统治地位,并不源于其源始性的开端,而是源于那开端性的终结,而这一终结要在黑格尔那里,才在形态上画上了一个伟大的和最终的句号。真正的历史,它的毁灭不会像动物那样,仅仅终止与完‐结。历史只会历史性地走向崩基〈zugrunde gehen〉。

但是,在这个希腊哲学之开端的终结处,在从φύσις和λόγος而来的这一转变中,出现了什么事情? 而且为什么这一出现又是必然的呢? 这样我们就来到了第二个问题。

关于第二个问题。对于上述的转变我们要注意两个方面。

第一,这一转变的端倪就在φύσις和λόγος的本质中,更精确地说,它从某种本质性的后续引发出来。情况是这样的:显现者(在其闪现中)显示出一种样貌,而所要说的东西一下子就落入了那陈述式的碎语闲言的领地中。所以这变化不是来自外面,而是来自"内部"。但此处"内部"指的是什么? 问题既不在φύσις本身也不在λόγος本身。在巴门尼德那里,我们看到,这两者本质上相互共属。这种关涉自身就是其本质,即它的"内部"的有担当的、发散着存在力道的根基,虽然说这一关涉的根基自身,首先以及本来还隐蔽在φύσις的本质中。不过,这种关涉的样式又是怎样的呢? 如果我们现在关注这一转变的第二个方面,我们所问的东西就会变得一目了然。

第二,无论是从理念还是从命题陈述的方面来看,每一次的转变都会导致真理,即αλήδεια〈去蔽〉的源初的本质转变成为正确性。这个无蔽状态也就是那个内部，那个在源初意义上的、在φύσις与λόγος之间发散着存在力道的关涉。这个存在力道作为那"出来－而－进入－无蔽－之中"在将起来。而闻讯与采集都是那无蔽为存在者所进行的敞开活动的强力行事。从φύσις与λόγος到理念与命题陈述的转变，就其内在的根基而言，就是真理作为无蔽状态到真理作为正确性的本质性转变。

真理的这一本质不能坚持并葆真在其开端的源初性中。无蔽状态，那为存在者的现象而创立的空间土崩瓦解了。而"理念"与"命题陈述"，ούσία〈在场者〉与κατηγορία〈范畴〉，都是在此番崩解中被抢救出来的废墟。一旦不能从无蔽状态那里对存在者与采集进行葆真和领会，那就只剩下了一种可能，即可能将这些先前崩塌、作为现成物散在一地的东西，仅仅依它们自身现有的现成物的特质，相互关涉起来。一个现成的逻各斯以另一个现成事物，即存在者为其对象，它必须与后者肖似，以后者为定准。固然这里还保有一星半点άλήθεια〈去蔽〉之源初本质的最后显象与余晖，〔现成事物同样一定要在无蔽中出现，就像那置－前表像出来的命题陈述前－行到同一无蔽之中一样〕，但余留下来的άλήθεια的显象就不再具有规定真理之本质的根基的担当能力与竞争活力了。这番显象再也成不了根基。事情恰恰相反。自从理念与范畴僭居了王位，哲学就绞尽了脑汁，千方百计地试图去说明命题陈述（思想）与存在的关系，但却徒劳无功，这其中的原因就在于，对存在的发问再也回不到它赖以生发出来的根柢和地基处，而从那儿开始，这发问才会展现开来。

我们将这一无蔽状态的崩解简要地命名为历事。这个无蔽状态的崩解全然并非源出于一种单纯的欠缺,源出于不再能－担当那原本由于这一能－担当而交托给历史性的人去葆真的东西。崩解之根源首先在于开端之伟大与开端自身的本质。[仅仅就字面上看,"脱落"与"瓦解"都给人以负面的印象。]开端性的东西势必要以某种方式把自己本身抛落在身后。[所以它必然会隐藏自身,但这个自身隐藏不是无]。这个开端不能,也绝无可能像它开启时那样,直接地就像它能够被单纯地葆真一样来保持住这个开端活动。它的葆真方式毋宁是:在其源初性中不断以更加源初的方式得到重－演。因此,我们也只能在某种运思的重－演中,而且唯有通过这一重－演,才可以妥帖地对待真理的开端和崩解。存在之亟需以及它的开端之伟大绝非单纯地是历史学确定、说明和评估的对象。这里并不排除,甚至要求按其历史性进程的可能性将这一崩解的历事弄个清楚明白。在这里进行的这个课程上,我们只需要给个关键性的指引就足够了。

　　我们从赫拉克利特与巴门尼德那里得知,存在者的无蔽状态并不简单就是现成的。只有当此无蔽状态通过作品而受到吁请,它才发生〈geschehen〉。这里的作品包括:诗中的字词,庙宇和雕像中的石头,运思中的言语,还有πόλις〈城邦〉,它是奠基与葆真这一切的历史的场所。[按照前面的说法,"作品"在此总是在希腊的意义上被领会为ἔργον〈工作〉,被领会为置－立起来的①、进入无

―――――――――

① 在德文中,"herstellen"的含义为"制作","制造"。此处"hergestellt"乃前者的过去分词形式用作形容词,义为"制造"、"制作"出来的东西。鉴于海德格尔对"stellen"一词的专门强调和特殊使用,这里将"herstellen"译为"置－立起来"。也参见本书第7页对"vorstellen"的译注说明。——译注

蔽状态中的在场者。]存在者的无蔽状态,继而存在的无蔽状态,都是在作品中争而得之〈Erstreitung〉的。这种早已在自身中仅仅作为寻常的矛盾争斗〈Widerstreit〉而出现的对存在者的无蔽状态的争而得之,同时总就是对隐蔽、对遮蔽,对显象的斗争〈Streit〉。

显象,δόξα〈意见〉,并不是在存在的外边,在无蔽状态外边的东西,相反,它归属于这个无蔽状态。不过,这个δόξα本身又具有双重的意义。它指的既是某种东西在其中呈报出来的外在形貌,但同时它又是人所拥有的主观观点。亲在就锁定在诸多这样的观点中,这些观点被陈述出来,而且传播蔓延开去。于是,δόξα就成为逻各斯的一种样式。而那些占据统治地位的观点如今遮挡了存在者的全景视线。这个存在者就被剥夺了从自身出发,以有所显现的方式,转向投入闻讯的可能性。那个我们通常会转向投入的全景变成了观点,而观点的统治就这样颠倒和歪曲了存在者。

希腊人把"歪曲某个事物"称之为ψεύδεσθαι〈欺骗〉。于是,为了存在者的无蔽而进行的斗争,即ἀλήθεια,就这样变成了反抗ψεῦδος〈谬误〉,即反抗歪曲和颠倒的斗争。但是,这个抗争者与它的对手,无论战胜它还是落败于它,都依附于它,这里有着这个斗争的本质。因为这个反抗非真理的斗争就是一个反抗ψεῦδος的斗争,所以,与这个被斗争的ψεῦδος相反的为真理的斗争就成了为α-ψευδές,为了非颠倒者,非歪曲者的斗争。

这样一来,将真理视为无蔽状态的源初体验就有危险了。因为只有当闻讯与把握毫无扭曲、直截了当地转投向那存在者,也就是说,以存在者为准绳,那个非颠倒者才能达到。真理作为正确性的通道打开了。

从无蔽状态出发，经过颠倒，到达非颠倒状态，再由此到达正确性，这一转变的历事活动须与那个从 φύσις 转变为 ἰδέα，从作为采集的 λόγος 转变为作为命题陈述的 λόγος 合在一起看。在这一切的基础上，那个关于存在自身的，由 οὐσία 这个词固定下来的终极阐释就被塑造和凸显了出来。οὐσία 这个词的意思是指常驻在场意义上的存在，即现成性。结果，本真存在着的就成了那永恒的－存在者，即 ἀεὶ ὄν〈永恒存在者〉。常驻在场的就是在所有的把握与制作之际，我们都必须要先行回溯的东西，它是范型，是 ἰδέα。常驻在场的就是在任何一个 λόγος 中，即在每一个命题陈述中，我们都必须要回溯的东西，即回溯到那总已经伫立－在前的东西，ὑποκείμενον〈基体〉，subjectum。而这个总已经伫立－在先的东西，若从 φύσις，从绽放开来的角度看，就是 πρόρτερον〈在先〉，更在先的东西，A priori。

对存在者的存在进行规定，而这一规定的刻画方式就是：存在者站在所有把握与命题陈述的对面。这个 ὑποκείμενον〈基体〉就是后世将存在者阐释为对象的先驱。而闻讯，即 νοεῖν，就被逻各斯在命题陈述的意义上接纳。这样，它就变成了那样的一种讯问，即在将某物规定为某物之际，它对所面对者仔细－审查，透彻讯问，即 διανοεῖσθαι〈讯问〉。这种命题陈述式的仔细审查，διάνοια〈审查〉，就是在判断式的表像意义上的理智的本质规定性。闻讯变成了理智，变成了理性。

基督教把存在者的存在改义为被创造的存在。思和知就与信仰有了分别。但这样非但不能阻碍理性主义与非理性主义的兴起，相反，它首先为其兴起准备了条件并助其茁壮成长。

因为存在者是上帝的一个造物，也就是说，它是事先被理性思考出的产物，所以一旦受造物与创造主的关系发生松动，随之而起的就是人的理性方面占据上风，甚至自命为绝对，这时，存在者的存在就必然在数学的纯粹思维中才成为可思考的。存在成了如此可计算的东西，成了可被置放到计算中的东西，这样的存在就使得存在者成了在近代的、具有数学式严谨技术中的可控物，而这一技术则与那种迄今熟知的用具使用在本质上完全不是一回事。

所谓存在着只是说：保持站立在某个正确的思维面前，经受住正确的思考。

Οὐσία〈在场者、本体〉这个主要名称就是对存在者的存在的标准阐释。这个词作为哲学概念的意思说的是常驻在场。然而，就在这个词已经成为哲学中的主导概念的时代里，它同时还一同保留着它的源初含义：ἡ ὑπαρχοῦσα οὐσία就是现成的拥有（伊索克拉底[①]）。但是，οὐσία的此一基本含义以及在其中标明出来的存在阐释的轨迹也不可能保得住。Οὐσία随即就开始被改义为substantia。从中世纪到迄今为止的近代，它一直保留在这个意思中并以这个意义流行天下。于是，从占统治地位的实体概念——函数概念仅仅是其数学上的变种——出发来解释希腊哲学，这就是本末倒置，也就是说，在根本上就错了。

Οὐσία现在是关于存在的标准名称，但我们还应该来看一看，

---

① 伊索克拉底（Isocrates，公元前 436—前 338），希腊著名修辞学家和演说家。——译注

从这个作为标准名称的οὐσία出发,如何来把握前面谈过的存在与变成,存在与显象之间的区分? 这里让我们来回想一下这个被发问的区分之图式:

变成←存在→显象

思想

变就是对立,站在其对面的就是常驻的存留。而显象则是单纯的假象,站在其对面的是本真的所见者,即ἰδέα。作为这个ὄντως ὄν〈存在者之为存在者〉,ἰδέα又是那与变动不居的显象对立的常驻存留者。但是,变成与显象并不只是从οὐσία方面来得到规定,因为οὐσία本身又是从与逻各斯的关涉中获得其标准的规定性,而这个逻各斯,就是进行着命题陈述的判断,即διάνοια〈审查〉。因此,变成与显象也从思想的视轨来规定自身。

判断着的运思总是从存留者那里着手进行,从这个角度来看,变就显现为不存留。而这个不存留首先在作为不在自身处所那里存留的现成者之内显示出自身。变显现为处所的变动,即φορά〈力道〉。处所的变动成为了运动的标准现像,而所有的变成都应当以此来掌握。随着近代数学式的理性主义思维一统天下局面的出现,除了处所变动意义上的运动,根本就再没有其他的变成形式得到认可。举凡有其他的运动现像显示之处,人们就试图从处所变动出发来把捉它们。而处所变动这一方面,即运动自身,就只有从速度出发来进行把握：$c = s/t$。这一思维方法的哲学奠基人是笛卡尔，他在他的《规则》①第 7 款中将任何一种其他的运动概念都视为是荒谬可笑的。

变与οὐσία对应，它从运思（计算）方面得到规定，另一与存在对立的东西，即显象也是如此。作为假象的显象就是那不正确者。假象〈Schein〉②的根子出在运思的颠覆。假象成了单纯的逻辑上不正确，错谬。从这里出发，我们才能够完全地衡量出思想与存在的对峙所意味的东西，即思想将它的统治［就其标准的本质规定性而言］延伸到存在，同时也就延伸到存在的对峙物那里。这一统治还会走得更远。因为就在命题陈述意义上的逻各斯取得了对存在的统治那一刻，在存在被体验为、把握为οὐσία，即现成存在那一刻，存在与应当的区分也就准备好了。于是，对存在加以限定的图式似乎就像是这样的：

<hr>

①　这里提及的是笛卡尔的早年作品 *Regulae ad Directionem Ingenii*（心灵导引的规则）。——译注

②　海德格尔这里明显在"假象"的意义上谈"显象"〈Schein〉，故径译为"假象"。——译注

4.存在与应当

从我们图式上的箭头方向来看,这一区分走向了一个另外的方向。存在与思想的区分往下方画,这表明思想成为担当与规定存在的根基。相反,存在与应当的区分却往上方画。这就意味着:正如存在建基在思想中一样,它也被应当所提升。而这要说的就是:存在不再是标准。但存在却是理念、前像呀? 然而,恰恰正是因为这些前像的特质,这些理念才不再是标准。因为它是那给出样貌的东西,因此它也就自身以某种方式存在着(ὄν),所以,它作为这样的存在者就会要求它的自身方面的存在得到规定,这也就是说,它复又要求一个样貌。理念的理念,这个最高的理念,依据柏拉图的说法,就是ἰδέα τοῦ ἀγαθοῦ,善的理念。

这个"善"的意思指的并不是道德上的规规矩矩,正派无邪,而是说那好样的家伙,这家伙将它适宜有的东西成就出来,而且能够作出这番成就。这个ἀγαθόν〈善〉就是这样一个尺度本身,这个首先赋予存在以权能的东西,自身作为ἰδέα,作为前像,在将起来。这等权能的授者,就是那首先的能者。但现在只要是理念构成了存在,构成了οὐσία,那么,这个ἰδέα τοῦ ἀγαθοῦ〈善的理念〉,这个最高的理念就处于ἐπέκεινα τῆς οὐσίας〈在场之外〉,即站到了存在的彼岸。这样一来,存在自身,这里说的不是存在一般,而是存在作为理念,就挪到了某个别异者的对面,而这个别异者,就是那它自己,即存在所依赖的东西。最高的理念就是那前像者〈Vorbilder〉的元象〈Urbild〉。

　　现在我们不需要为了特别的澄清而去做进一步的讨论,在这一区分中,这个对应存在而被剥离出来的应当,并不是从任何一个地方搬过来并加在存在身上的东西。这个存在自身就带有与前像式的东西以及与所应当之事的关联,尤其是它在被确定地阐释为理念的情况下。随着存在自身愈益将自己确定在理念特性之中,它也就在同一程度上被逼着要去弥补那随之出现的存在地位的贬值。但现在要能够做到这一点,就只有去在存在之上设定某个东西,这东西始终尚未在,但每每又总是应当在。

　　这里应当做的事情仅仅是:澄清存在与应当之区分的本质性起源,或者澄清这一区分的历史性开端,这两者在根本上就是同一回事情。这里不打算追踪这一区分展开与变迁的历史,也许仅仅说一下某个要害的地方。在对存在以及上述区分所做的所有规定中,我们必须盯住一件事:存在起初就是φύσις,就是绽放着的－无遮无盖的存在力道,所以,它才自行阐述出来,成为εἶδος与ἰδέα了。这样的阐释绝非仅仅,而且首先绝不依赖于哲学的解释。

　　显而易见,只要存在被规定为理念,应当马上就作为存在的对立面出场。而伴随着存在的这一规定的出现,作为陈述着的逻各斯(διαλέγεσθαι)的思想也就有了标准颁布者的功能。因此,一旦思想作为自足的理性在近代获得了统治地位,存在与应当之间区分的真正兴起也就如箭在弦,满弓待发了。这一进程在康德那里完成。对康德来说,存在者就是大自然,即那在数学－物理式的思维中可以得到规定而且已经得到规定的东西。而绝对命令就出现在大自然的对面,它同时既受到理性的规定又作为理性去作出规定。康德多次明确地将这种绝对命令称为应当,而且仅仅是在这样的意义上，即这个命令关涉那在生机勃勃的大自然之意义上的纯然的存在者。随后，费希特明确地和独具特色地把这个存在与应当的对立弄成了他自己体系的基本架构。康德意义下的存在者就是那些科学可经验的东西，而历史与经济学科则加入到科学的行列中。在 19 世纪的进程中，这种康德意义下的存在者赢得了权威性的优先地位。由于存在者取得这种优先的统治地位，应当的标杆地位就岌岌可危了。这个应当不得不要维护它的权位。它不得不试图在自身中为自己寻求根据。凡是要宣称自身有一种应当的要求者，必须在自身中对之有正当性。而像应当这样的东西，只能出自于那种从自身出发就会提出此类要求的东西，这种东西自身就有某种价值，它自身就是一种价值。诸价值自身现在成了应当的根据。但是，因为这些价值站在事实意义上的存在者的存在的对立面，它们就不可能单方面地自己存在。于是人们就说：它们值得。这些价值乃存在者，即现成者所有领域中的标杆。历史不过是诸价值的实现罢了。

柏拉图将存在把握为理念。理念就是前像，作为前像，它也是标杆。还有什么东西比在价值的意义上领会柏拉图的理念，并从正在涌现价值的东西〈was gilt〉①出发来释义存在者的存在更为贴近呢？

诸多价值值得。但是"值得"〈Geltung〉这个词很容易让我们

---

① "Was gilt"在这里呼应上一句中的"sie gelten"〈它们值得〉，应当有双关义。一方面指那有价值的东西，另一方则指某东西产生、实现价值的过程。这里用问句的形式暗指柏拉图作为理念的存在概念首先应当从动态的涌现、产生、创造价值，而非从静态的已有、固有价值的实现，即从分有的意义上来理解。——译注

想起对某个主体的功效。为了再度力挺已被提升为价值高度的应当，人们会将某种存在归诸价值自身。这里说的存在在根本上不是别的，只是现成物的在场而已。不过，这只是不像桌子、椅子的现成在场那样，或笨拙或灵巧而已。在价值之存在那里，混乱与无稽，登峰造极。然而，由于"价值"这个说法慢慢地被掏空，到处滥用，特别是它还在经济学中起作用，所以，人们今天就把价值称为是"普全性"〈Ganzheiten〉。不过，这个名称只是换了个写法而已。其实，在这些个普全性那里，倒是更容易看得出它们在根本上都是些半吊子的片面货色。但在本质性事物的领域内，这些个半吊子的片面货色往往要比那十分可怕的虚无来的更有灾难性。1928年曾经出版过一个价值概念汇编的第一部分，在那里列举了661篇关于价值概念的著述，它们到如今想必已经是数以千计了。所有这些著述都自诩为哲学。尤其是那如今满大街都在兜售的、冠名为国家社会主义哲学的东西，却与这一运动的内在真理与伟大（即与那有着星际级水准的技术遭遇上现代人类这回事）毫不相干，它不过是在"价值"和"普全性"这样的浑水里摸点小鱼罢了。

　　即使尼采，而且恰恰就是尼采，也完完全全在价值意像的视轨中运思。由此可见，价值思维在 19 世纪是何等地固步自封，冥顽不化。尼采曾经计划的主要著作《权力意志》的副标题是：对所有价值进行某种重估的尝试。其中第三卷的标题是：尝试某种新的价值设定。纠缠在价值表像的迷乱中，不理解这些价值意像的可疑问的源头，这就是尼采为什么没有达到哲学的真正核心的缘由。但是，即使有将来者可以重新达到它－我们今人只能为之铺路准备－他也将逃不脱这等纠缠，只不过是另一种样子的纠缠罢了。

没有人会越得出自己的影子。

* * *　　　　* * *

* * *

我们已经通过存在与变成,存在与显象,存在与思想,存在与应当这四种区分进行了透彻的发问。通过提出七个视点,我们的讨论得到导引。但在起初,这看起来就像是一种思想练习,练习的目的就是要把任意聚在一起的一些题目区分开来。

现在让我们用同样的措辞来重复一下这些视点,并依此来看一看,我们所说的东西在多大的程度上还保持在这些视点所指引的方向上,并在多大程度上因此而到达了需要去洞察的东西。

1)在引述的这些区分中,存在相对于别异者而被划定界限,因而,它在此制-限着的设定界限内就已经有了某种确定性。

2)这个界限是通过自身中四个方面的同时相互关联作用而被划出的。因此,存在的确定性就一定相应地是枝叶繁茂,郁郁葱葱。

3)这些区分绝非偶然。由这些区分在分支中持有的东西,源初地既休戚相关又彼此挤逼在一个统一体中,所以,这些区分就有着某种自身的必然性。

4)因此,这些乍看起来像是公式化了的对立也就不是随意发生的,它们也不像是作为言说的格式而身陷在语言中的东西。这些对立的出现与西方权威性的存在印迹有着最内在的关联,这些对立与哲学追问的开端一道开始。

5) 然而,这些区分不仅始终在西方哲学范围之内起支配作用。它们渗透在一切的知,一切的行与一切的说中,甚至在还没有被专门说出,或者说还没有被以这套语词说出的地方,它们就在那儿了。

6) 列举出来的这些名称之序列已经指点出其本质联系的次序以及其印迹的历史性先后顺序。

7) 发问存在问题的任务就是去把握存在本质之真理的展开,而对存在问题的源始追问,必须要使隐藏在这些区分〈Scheidungen〉中的强力走向决断〈Entscheidung〉,并将区分带回到它们本己的真理之中。

所有先前在这些要点中只是主张的东西现在都进入了眼帘,唯独在最后一点中所说的东西除外。这里面仅仅包含一个要求。在结束之际需要指明,究竟在多大程度上这个要求是正当的,而且对这一要求的满足是必要的。

要想做出这番说明,我们只能一起来再通观一下这部《形而上学导论》的整体。

一切都要扯到在一开始就提出的基本问题上,即"为什么存在者存在而无反倒不在?"这个基本问题的第一次展开迫使我们进入先行问题:存在所处的情形究竟是怎样的?

"存在"首先显得像一个含有飘忽不定含义的空洞字眼。这种情形就像是诸多可确定事实中的一个。但是最终这个看起来毫无问题并且不再可以发问的东西显现为那最值得去问的东西。存在与对存在的领会不是一个现成的事实。存在是那基本历事,完全就是在这一基本历事的根基上，那处在敞开出来的存在者整体中的历史性亲在才得以葆真。

但是，关于这个历史性亲在的最值得去问的根基，当我们对它提问时，我们才稍稍体验到它的威严与地位。正因为如此，我们才会提出这个先行－问题：存在所处的情形是怎样的？

对"是……"这个词惯常但又多样的用法之说明使我们确信，认为存在是不确定的和空洞的这一说法是错误的。毋宁说，正是这个"是……"〈ist〉才决定了不定式"是/在"〈sein〉的意义和内涵而不是相反。现在我们能够把握，为什么一定会是如此。在命题陈述中，这个"是……"作为系词，作为"关系小词"（康德）来起作用。陈述句中含有这个"是……"。但因为命题陈述，即作为 κατηγορία〈范畴〉的 λόγος，变成了这个存在的审判法庭，命题陈述也因此就从归属于它的"是……"来规定存在了。

存在，这个我们从一个空名开始的东西，因此也就一反其空洞的假象〈Anschein〉，而不得不有一确定的含义了。

通过讨论四种区分，存在的规定性展现在我们眼前。

存在是与变成相对应中的存留。

存在是与显象相对应中的存留着的前像，那总是相似者。

存在是与思想对应着的有根基者，是那现成者。

存在是与应当对应着的，那尚未实现或已经实现的所应当者的每每处身在先。

存留，总是相似，现成状态，处身在先，这些语词在根基上说的都是同一个东西：常驻的在场，即作为 οὐσία 的 ὄν。

存在的这一规定性绝非偶然。我们的历史性亲在通过我们在希腊人那里的伟大开端处身在一种规定之中,而存在的规定性就源生于这一规定。对存在进行规定绝非单纯地划定词义范围。它就是那个强力,它至今仍然承载并支配着我们的一切与存在者整体,与变成,与显象,与思想以及应当的关系。

存在的所处的情形如何?这个问题同时就作为另一个问题显露出来,即我们的在历史中的亲在所处的情形是怎样的?我们处在历史中呢?还是仅仅陷入了心醉神迷?从形而上学的层面看,我们是陷入了心醉神迷。我们在存在者中间出巡处处,奔波跋涉,却不再知道,存在所处的情形如何。我们甚至不知我们不再知道。即便当我们彼此信誓旦旦我们没有心醉神迷之时,我们还在心醉神迷;即便当人们新近甚至还力图指明,这样对存在的追问只会带来迷惑,造成毁灭,是虚无主义之时,我们也还在心醉神迷。〔虚无主义,这种自存在主义的问世以来重新泛起的对存在问题的曲解,只有对那些天真无知者来说,才是个新事。〕

但真正的虚无主义是在什么地方活动呢?在人们缠住熟悉的存在者不放的地方;在人们以为只要一如既往,按照现在时兴的样子去抓住存在者的地方。这样,人们就把存在问题拒之门外,把存在当作一个无〈nihil〉来对待,而这个无,只要它在那儿,它就以某种方式"是/在"。把这个存在忘得精光,只知道去追逐存在者,这就是虚无主义。如此理解的虚无主义才是尼采在《强力意志》第一卷中提出的虚无主义的根基。

反过来,在追问存在的过程中,明确地将追问一直问到无的边界处,并将这个无拽入到存在问题中,这才是真正克服虚无主义第一步,也是唯一有效的步骤。

然而,在追问存在问题这个最值得发问的过程中,我们必须追问到如此遥远,这乃是关于四个区分的讨论所显现给我们的东西。这些个与存在相对而又为存在划界的东西,即变成,显象,思想,应当,并非某种仅仅臆想出来的东西。在这里,诸强力强施强行,这就是那些支配魅惑着存在者、存在者的敞开与成形以及存在者的封闭与畸变的强力。变成,这是无吗? 显象,这是无吗? 思想,这是无吗? 应当,这是无吗? 绝对不是!

然而,如果所有的这一切,这些个在区分中站在存在对面的东西,都不是无,那么,它就自己存在着,甚至最终要比人依照存在的受到制-限的本质规定认为是存在着的东西,还要存在的更多一点。那么究竟在什么样的存在意义上,变易者,显象者,思想与应当是存在着的呢? 肯定不会是在这四者与之脱离的那个意义上的存在,而存在的这个意义却是自古以来就流传不息的。

所以,迄今为止的存在概念还不足以命名那“是/存在”的东西的全部所有。

因此,如果我们想要我们的历史性亲在作为一个历史性亲在开动起来。就必须从根本上和在存在的可能本质的整个广度上重新体验这个存在。那些个与存在对峙的强力,那些区分自身,就千头万绪,重重叠叠,它们长期以来就规定,支配以及贯穿我们的亲在并将之保持在“存在”的迷宫中。这样,从对这四个区分的源初性的探问中,就产生出一个洞见,即这个被四个区分团团围住的存在,必须被自身转变为使得一切存在者转动起来的漩圈和根基。这个由历史来承载其内在性以及源初分离的源初性区分,就是那存在与存在者之间的区别。

但是,这个区别会如何发生?哲学能够从哪里介入来思考这一区别?其实我们在这里不应当说介入,而是再实施这番介入,因为它是从我们身处其中的开端的必然性中实施开动起来的。在讨论四个区分时,我们不成比例地长久停留在存在与思想的区分那一段,这并不是白费功夫。这一区分如今依然是对存在进行规定的承载根基。通过作为命题陈述的λόγος来导引的思想提供并维持了那个存在在其中被看见的视轨。

因此,如果要想让存在自身在其源初性的与存在者的区别中得到敞开和建基,那就需要敞开某种源初性的视轨。存在与思想区分的源头乃闻讯与存在的分离,它向我们显示,这里的关键之处在于某种从那有待敞开出来的存在(φύσις)本质中源生出来的对人之存在的规定。

对存在本质的发问就与人是谁的发问密切地联系在了一起。然而,由此势必产生的关于人的本质的规定与那飘荡无根的人类学不是一码事,这种人类学看待人的方式在根本上与动物学看待动物的方式没什么差别。对人的存在的发问,现在无论是在发问的方向还是发问的范围上,都唯独是从对存在的发问来得到规定的。人的本质,应当在对存在的发问范围内,依据那开端的隐秘指引,作为那个存在势必让自己敞开的场所,得到把握和建基。人就是那在自身中打开的亲临到此。存在物站到这个亲临到此中来并成为作品。因此我们说,人的存在,就其严格的词义讲,就是"亲－在"。亲－在就是这般的存在敞开的场所,在它的本质中,一定有敞开存在的视轨在那里源始地植根。

西方对存在的全部看法和传统,以及由此而来的如今仍占据着统治地位的与存在的基本关联，都统括在了存在与思想这一标题下了。

而存在与时间，作为一个标题，无论如何都不可以在位阶上与所讲述的几个区分平列并提。这个标题指向一个完全不同的问题领域。

在此并非只是说用时间这个"语词"替换了思想这个"语词"，而是说：时间的本质是依据完全不同的考虑，从根基上而且唯独在存在问题的领域内得到规定的。

但为什么恰恰是时间呢？因为在西方哲学的开端时导引着存在之敞开的视轨就是时间，但是那样的导引导致了将这一视轨本身留置在了而且必定留置在隐蔽中。如果οὐσία最终变成了存在的基本概念而且它意味着：常驻的在场，那么，那作为常驻之本质和在场之本质的未被揭露的根基的东西，除了时间之外，还会是什么？但是，这个"时间"就其本质来说，还没有延展开来，它也是（在《物理学》的地基上和视野范围内）不可延展的。[①] 因为一旦亚里士多德在希腊哲学的终结处注入了关于时间本质的思索，时间自身就必须被视为任何的一个在场者，即οὐσία τις〈某一个本体〉。这里要表达的是，时间是从"现在"，从总是而且独一的当下来把握的。过去就是"不再现在"，而将来则是"尚未现在"。现成状态意义上的存在（在场性）成了规定时间的视轨，而不是时间成为阐释存在的特别适合的视轨。

---

① "entfalten"在德文中的原义为"展开"，"铺陈开来"。这里海德格尔暗指传统时间观将时间之本质视为"延续"，"持续"，故译为"延展"。——译注

在这般的思索下,《存在与时间》就不意味着一本书,而是意味着那受命者。至于真正的受命者是什么,我们不得而知,但是,倘若我们对那作为受命者的东西的确知道点什么,那就是:我们总是在发问中知道它。

能够发问意味着:能够等待,甚至用一生等待。然而,一个时代若将那稍纵即逝的东西,那可以唾手可得的东西视为现实的,那它就会把这一发问当作"与现实格格不入的",当成一文不值的。但本质性的东西不是那可算计的数目字,而是那适当的时间,即适时的当下与适宜的坚忍。

　　　　"因为

　　　那深思远虑的神

　　　憎恨不合时宜的生长"。

　　　　　——荷尔德林,选自《提坦诸神》(IV,218)

中文新译本译后记

一

物理学家霍金讲过这样的一个故事，说的是数学家罗素有一天作报告。报告完毕，听众里站起一位老太太。老太太说，你的报告很精彩，你是我见过的最聪明的年轻人了。不过，你把世界弄得太复杂了。古人早就说过，这个世界实际上就是驮在一只巨大的乌龟背上。听到这里，罗素逗问：老奶奶，那这只乌龟又是驮在什么上面呢？老太太回答，年轻人，你真的很聪明，可是，难道你不知道吗，这乌龟下面还有乌龟，一只驮着另一只，这是个无穷无尽的乌龟塔呀？霍金没有说罗素接下来是怎么回答的，但答案似乎很清楚。不过现在的问题是，罗素真的比老太太聪明吗？还有霍金？

如果形而上学研究的是关于存在物之为存在物的学问，那么，海德格尔的这部《形而上学导论》谈及的就是那个当年同样困惑罗素与老太太，以及今天可能仍然迷惑着霍金的问题。关键的区别在于，海德格尔不再去试图寻找更"真确"、更"睿智"的答案，而是试图去探究，那个今天被绝大多数人奉行为真理的思路和答案究竟是怎样一回事情？我们人类是怎样"命运般地"走上了通往这一答案的道路？而海德格尔在本书中给我们的警示就在于，倘若我们不再对此进行真正彻底的哲思，我们就根本不能理解人类正在身处其中的境况，因此也将不能认清和承受正在以及即将面临的星际级的危险与灾难！

在海德格尔的眼中，形而上学首先不是一门抽象教授的哲学学科，而是我们人类在自然宇宙大化中的一种具体生活和生命生存的方式。所以，这部《形而上学导论》不是一部将复杂艰深的学科简化、浅化，以助年轻学子顺利入门的导读性教科书。相反，它召唤、引导喜爱哲思的人们回到我们今天称之为"形而上学"的那个东西的生根处、发源处，回到我们人类的语言、思想与睿智的鸿蒙发端处，重新上路思考与发问。在这个意义上，与其说它是一部学科导论，更不如说它展开了"前物理学"的"林中空地"，召唤和容纳思想阳光的透入，而这恰恰就隐含了引领走向后世的"物理学之后"（形而上学）的全部秘密。因此，如果我们在相反的意义上套用黑格尔，这部《形而上学导论》倒更像是一部海德格尔的《精神现象学》。

海德格尔喜欢用"路标"和"在路上"来标明自己的思想历程和思想状况，也曾在向世人昭告最终放弃其未完成之名著《存在与时间》续作计划的同时，点明这本《形而上学导论》与《存在与时间》之间的承续关系。这个关系，我以为从一部西方哲学史的角度来看可以说就是：如果《存在与时间》中的海德格尔（前期）是从亚里士多德的古代存在论哲学的传统出发来对从笛卡尔到康德的现代知识论传统进行批判性反思的话，《形而上学导论》中的海德格尔（后期）则是试图跳出以柏拉图、亚里士多德为开端的全部西方形而上学传统，并对之渊源根基进行哲思与发问。正是经过这一发问并在这一发问中，西方现代性乃至全部西方思想文化的秘密，隐绰可见。

二

《形而上学导论》一书源出于海德格尔1935年夏季学期的讲课。虽然讲课是在战前，但讲稿却迟至二战结束八年后的1953年才出版，其间海德格尔曾对原始文稿进行过增删。本书出版伊始，由于其"反动"的内容从及海德格尔本人在二战中支持纳粹运动的背景，立即引发巨大争议。尽管海德格尔对此多次予以辩解，但无奈众口铄金，愈描愈黑，大有从此被钉在历史的耻辱柱上，永世不得翻身的架势。纵观海德格尔一生，基本上就是一手无缚鸡之力的文人，充其量也就是像他的前辈诗人海涅所描述的康德那样：弱小身躯的上顶着方小小的睡帽，依偎在安静书桌的一角，头脑中却奔腾着天翻地覆般的风暴。或者说他像历史上的孔夫子、柏拉图一样，一时间心血来潮，想"玩"一下政治，结果被现实政治玩了个脚底朝天。但无论如何，这丝毫不改海德格尔对我们这个现代性时代之本质的思考和批判，其中包括对纳粹运动本身的思考批判，对其自身前期哲学思想与思路的反省反思，都属于人类历史上最深刻的哲学思考和批判之列这一事实。而从学习借鉴的角度讲，这对于经历过"文革"浩劫并立志反省创新中国古老思想文化传统的新一代中国思想者和知识人来说，尤为重要。

正如《存在与时间》的中文翻译一样，《形而上学导论》的中文翻译也可以追溯到介绍海德格尔哲学进入中国的第一人，熊伟先生。那是20世纪80年代的中期，熊伟先生在安排我协助嘉映师兄翻译《存在与时间》的工作基本完成之际，就建议我着手进行《形而上学导论》的翻译工作。但不久，我也将赴美国留学。出国前夕，先生将我找去，问及译事。我告知仅完成了全书四章中的第一章。先生担虑我出国后学业紧张，无暇他顾，便主动提出由他自己亲自领衔，继续完成是项工作。此后多年，先生呕心沥血，字斟句酌，为此书翻译倾注了大量的时间与精力。现在想及先生当时已是七五高龄，为译事操劳奔忙，仍每每让我感动不已。先生翻译的后三章，加上我出国前留下的第一章译稿，合集在一起，就成为海德格尔《形而上学导论》的第一部中文译稿。此译稿1993年在台湾由仰哲出版社首出繁体字译本，1996年在北京由商务印书馆再出简体字版本，后又收入商务印书馆的"汉译世界学术名著"系列。随着20多年来汉语学界对海德格尔思想研究和理解的加深，也考虑到旧译本无论在遣词风格，还是在翻译精确程度方面，均有不如人意与值得改善之处，所以，这次借编纂出版多卷本《海德格尔文集》的机会，由我独立担纲，进行重译。细心的读者将会不难发现新译本与旧译本之间的渊源递进关系以及熊伟先生为此书中译曾做出的奠基性贡献。

三

外来哲学思想中的基础与核心概念的翻译，历来不仅是理解与领会异域思想文化的关键，也是我们创新和丰富、发展本土思想、文化乃至语言的重要资源。对于这些核心概念，汉语中往往缺乏一一对应的语词概念。由于海德格尔思想的特点与特异的遣词造句风格，上述现象对于海德格尔的翻译尤甚。在《形而上学导论》的新译过程中，我尽量选用平实简单的汉语概念和词句来传达海德格尔的思想，在尽量准确达意的前提下，力求译文的可读性和易于理解。但有一些关键的语词选用以及学界理解分歧较大的地方，尽管说我一般都加了简略的译注，仍需要特别挑出来予以说明。因此，就在这里选取几个核心概念，事先说说自己的理解和所选译名的具体缘由，也作为帮助理解全书基本思想的线索和路标。

1）Sein（存在）。这是海德格尔哲学的第一概念，而且按照海德格尔的理解与解释，也是全部西方哲学的第一概念。在海德格尔的用法中，Sein 首先是和 Seiende 相对应。das Seiende 这个词较好理解，说的就是我们周遭存在着的万事万物，大到日月星辰，山川河流，小至一个个动物植物，原子电子等等，这些都是或者过去曾存在，或者现在正存在，或者将来会存在的存在物，存在者。哲学，乃至全部人类知识，从一开始就以探究存在物的奥秘为己任。这个奥秘说的就是使得这个存在物成之为这个存在物而不是别的存在物，成为如此这般的存在物的东西。在西方哲学史上不同的哲学家那里，这个东西曾分别被称为"始基"、"理念"、"本体"、"根据"、"逻各斯/规律"、"存在"等等。研究思考这个东西及其概念的学问就叫"本体论"或"存在论"。除了这里所说的本体论或者存在论角度外，西方哲学史上还有一种角度来探讨这个问题，即语言哲学的角度。我们知道，西方的判断语言的基础是一个主谓词结构，在这里，系词起着举足轻重的作用。这个系词在古希腊语中是εἶναι,在现代西方语言诸如英文中是 to be,德文中就是 sein,其名词形式为 Sein。正如我们很难想象在西方语言的任何判断型语句中没有 to be 的作用,我们也很难想象任何存在着的事物,即存在者不预先设有 Sein。换句话说,任何存在事物的"什么"以及"如何"总同时通过"是什么"或者"如何是"体现出来。在这个意义上,历史上本体论、存在论的存在问题与语言学中的"是"的问题是一而二,二而一的问题,所以后来海德格尔说,语言是存在的家。而海德格尔一生的思想都和这个 Sein 的探究有关。

　　一般来说,现代汉语中有三个词,即"存在"、"是"、"有"与 Sein 这个概念在西方哲学传统中的丰富内涵相靠近。正因如此,我在大多数情况下选用"存在"来翻译海德格尔的 Sein,但某些情形下,尤其是在文中讨论 Sein 一词的语词和文法使用乃至词源时,也不排除用"是"字。甚至在某些不得已的情形下,还采用"在/是"或者"在/是/有"这样诸词并列联用的办法。为什么用"存在"而不是"(存)有"或者"是"作为主要译名呢? 关于这个问题,首先我想说,德文词 Sein 在汉语语词中并无一一对应的关系,所以(存)在、(存)有、"是"这三个语词都有其局限,其中任何一个都不足以单独表述 Sein 的丰富涵义。在翻译中取"存在"而弃其他在某种意义上只是"权宜之计",并不必然排除在某个语境下使用"是"或者"有"。其次是关于存在与(存)有。我所以用"存在"而非"(存)有"作为基本译名,主要是考虑到"有"这个概念在汉语的传统哲学语汇中往往和"无"相对应,并且常常是在低"无"一等的意义上使用。这样说来,"有"在更多情况下,所对应的与其说是 Sein,不如说是 Seiende(存在者)。再次是关于存在与"是"。为什么选择"存在"而非"是"呢？我的主要理由也有二点。第一，从语词使用的角度看，"是"在汉语中起初作为代词，现在主要作为系词使用，将之名词化有违日常的汉语语言习惯，这会带来翻译上的诸多不便和理解上困难。第二，从哲学理解上说，海德格尔追问Sein的问题不仅是要探究全部西方哲学存在论的根基与渊源，而且也是要探究自古以来关于系词在西方语言中的核心地位之形成的渊源。这恰是海德格尔在这部《形而上学导论》中所处理的核心问题之一。因此，将海德格尔的Sein问题归结为语言学的系词问题以及由此而来的逻辑学的判断问题，不仅不是海德格尔发问Sein问题的初衷，而且可能误解和曲解海德格尔的全部问题意识。

尽管我在这里特意地做出这些区分，但无论在汉语还是在德语的在实际语言使用中，我们知道，这些区分实际并非如此清楚，希望读者在阅读本书时，切记在西方主要语言中，它们都是同一个语词的不同用法就好了。从翻译和实际中文阅读的便利考虑，海德格尔使用的与Sein（存在）相关的一组词语的对应汉语译名还有：sein："是/在"；ist："所是"或"它是"或"是什么"；Seyn："在"或"乃是"；seyn："乃是"。

2）Abgrund（渊基）。这个词在德文中说的是"深渊"，出于德文词Grund，而后者指的是"地基"、"根据"、"理由"、"原因"等等。Grund在西方哲学形而上学历史上的位置极为显赫，是主宰全部形而上学历史的为数不多的几个核心词之一。无论是亚里士多德的"四因"，莱布尼茨的"充足理由"，还是康德的为形而上学之"奠基"，均可以依稀看出与这个语词的意义在背后晃动的影子。

"ab"作为前缀,往往是在所加的词汇上加上"偏离"、"别离"、"取消"、"去除"的含义,例如 abbauen(拆除,分解),abbestellen(取消,撤订)等等。所以,一般将之译为"离基",取其偏离,出离原先根基之义。但考虑到此词在德文中有深不见底和深不可测的深邃、神秘之深渊的含义以及其词根之"根据"、"地基"之义,我将之在本书中译为"渊基",即一方面是"深渊",另一方面又是"基源"。和"离基"这个中文词可能隐含的虚无色调相比,海德格尔的《形而上学导论》要将我们导引的方向绝非是否定一切的怀疑主义、虚无主义,恰恰相反,传统西方的哲学形而上学,在海德格尔的眼中,就像是一棵枝繁叶茂的大树的主干和主根,而全部的西方知识、思想、文化乃至社会、政治制度,就像这棵大树的枝叶,从根干获得养分和支撑。现在的发问是,这个主干和主根自身是怎么回事? 它们又是从哪儿获得养料和支撑? 这就要追回到主干、主根赖以为生的、看上去微不足道的,甚至已经看不见,摸不着的毛细根系和根须。这些微不足道,看不见、摸不着的毛细根须深入大地,为大树汲取营养与水分。所以,相对于大树这一作为植株的存在物而言,它的根据或原因(Grund),如果借用笛卡尔的比喻,不应该仅仅从其看得见、摸得着,"清楚"、明白"的主干,主根那里去寻求,而要更加深入,进入到不那么清楚朋白、不那么确信无疑的微细根须,甚至"跳跃"进入那超出植株界限范围之外的土壤与大地、阳光与雨露,星空与诸神以及劬劳有终的人类来说明大树之存在乃至万事万物之存在。因此,相应于大树这一存在物而言,它的存在论根基实质上不仅"出离"出其根基,而同时又是其根基、根据成为可能的"渊源"所在。在这个意义上,我将之译为"渊基"。同理,海德格尔会说,黑暗是光明之"渊基","非－真理"乃真理之"渊基",无乃有之"渊基"。

基于这一考虑,与 Grund 和 Abgrund 相关的一系列语词分别译为:奠基(ergründen);元根基(Ur-grund);非根基(Un-grund);崩－基(zu-grunde)等等。其中,zugrunde 这个词在德语中既有"基础"的含义,但用在短语中,又有"毁灭"、"崩溃"的含义,即"基础"被推进到极端,发生崩塌,所以译为"崩－基"。

3)显象(Schein),闪亮(scheinen),现象(活动)(Erscheinen),现像(Erscheinung)。这是在德文中无论在词形、词源还是在语义上都相互关联,极为相像,所以颇易混淆的一组词。scheinen 是动词,指的是闪光,闪亮,忽闪忽现。作为其名词 Schein,意思就是显现、闪现出来的东西,我将之译为"显象"。显象虽然和原物相似,但常常仅仅显得相似而已,所以同时又指"假象"。书中另有一词 Anschein,海德格尔专门用来指称"假象"。erscheinen 也是"显现","显似",只是有时更多了一点"使动"的含义,所以德文中"出现"、"出版"也用这个词表达。如果显现指的是显现活动本身,海德格尔用 erscheinen 的名词化形式,即 Erscheinen 来表示;倘若指的是通过观念,意像,图像、文字、符号、记号等等来表达,来呈示,那么这些显现活动借以间接地显现自身东西就是 Erscheinung。

Erscheinen/erscheinen 与 Erscheinung 的意思本来在德文中没什么区别,但海德格尔出于建构自己哲学体系的需要硬将之区别开来。海德格尔的这一尝试首先出现在《存在与时间》导论第七节关于现象学的"现象"概念所进行的分疏上。在《存在与时间》

中,海德格尔借用胡塞尔与康德哲学的术语,重点区别 Phänomen 与 Erscheinung 在哲学理解上的区别。Phänomen 取的是这个词在希腊原文中的含义,也是海德格尔对"现象学"这一概念中的"现象"的理解,即直接性的"自身显现",海德格尔用它来解释现象学意义上的"现象",这是在存在论、生存论意义上说的。与之对应且区别,Erscheinung 源出于德文,海德格尔用的是这个词在康德哲学知识论中的含义,说的是某个自身不显现的东西(物自身)间接地借助于其他东西的澄明而得到呈示和报告。按照海德格尔的解释,所有在康德意义上作为认知对象的意象、观念,经验知识都是这样的 Erscheinungen。这样,两者之间的根本性区别就在于:Erscheinung 作为真理性知识的"呈现"、"呈示"之所以可能,其根据全在于作为显现活动自身的 Phänomen。

在《形而上学导论》中,海德格尔通过对希腊原初思想和语言的考察,试图进一步澄清这个问题。在这里,scheinen(动词)和 Schein(名词)指的是自然事物的闪亮、闪光,又引申为显似,显象,假象。相应于《存在与时间》中强调现象学的"现象",即 Phänomen 概念,海德格尔更多地使用 erscheinen(动词)和 Erscheinen(名词)这两个德文词。究其根源说,它们还是对应希腊文中的φαίνεσθαι,即 Phänomen,指的是存在论、生存论上的显现、显露过程。同时,Erscheinung 则仍是在现代知识论的意像、映像、表像的意义上使用,即对我们人这个认知主体在经验、认知活动中显现出来的感觉、认知的对象。基于上述理解,我在译文中将 Schein 译为"显象",有时据上下文译作"假象",scheinen 译为"闪现","闪亮"。Erscheinen 译为"现象"或"现象活动",erscheinen

译为"显现"或"现象出来"。与之相应,Erscheinung 译为"现像"。

古汉语中的"象"字同时含有作为实物的动物之"象"以及作为象征、符号的"象",后者在现代汉语中又作"像",即图像之"像"。我用汉语中"象"和"像"的区别来标明海德格尔这里所做的在存在论与认识论之间的区分以及两者之间的关系。汉语中"象"和"像"这两种含义的最早区分可见韩非。韩非在《解老·二十》中说:"人希见生象也,而得死象之骨,案其图以想其生也,故诸人之所以意想者皆谓之象(像)也"。显然,这里的第一个"象"字指的是活生生的"生象",对应于海德格尔所讲的原本的、存在物意义上的 Phänomen 或 Erscheinen,而第二个"象"字,现代汉语中为"像",则是从前者中衍生出来的,在认识论意义上的间接之"象",意想之像,所以对应的是 Erscheinung。依照这一区分,译本中举凡涉及认识论意义上的概念,译名也均为"像",例如 Vorstellung(表像、意像)等。

4)das Unheimliche(莽森)。这个词是海德格尔对古希腊诗人索福克勒斯的著名诗剧《安提戈涅》的第一合唱歌中δεινα的译名。δεινα在希腊文中的意思是"可怕的","神奇的","厉害的"。从词源上看,德文词 heimlich 与 unheimlich 都从 Heim 来,而 Heim 和 Heimat 的意思是"家","家园","故土"。所以,heimlich 词义为"隐秘的","暗地里的",而 unheimlich 则为"阴森可怕的","令人毛骨悚然的",此外,它也还有"极其多(故让人骇怕)"的含义。按照海德格尔的解释,das Unheimliche 这里讲的是作为宇宙间万事万物的存在物,由于存在威临一切的自然绽放升起的强力,从存在的隐秘根基中生长开放出来,林林总总,千姿百态。而人则是这众多存在物中的最出类拔萃者,所以,das Unheimlichste 用的是这个词的德文最高级形式。人与存在休戚相关并闻讯于 (思与知)存在之威临一切之强力,故人能强力行事,"是厉害的", "莽劲的",但这种莽劲强力行事的过程同时又使人又从他的"隐秘 处","家园"(Heim)"出离"(un-),有成为"茫然无所的"(un-heim- lich)的危险,所以又可怕之极。

　　究其来源,海德格尔的这一理解和解释应当曾受到德国浪漫 派诗人荷尔德林对索福克勒斯诗句翻译的影响。荷尔德林在翻译 此诗遇到这个词时,最初用的是 gewaltig(强大的),后来改为 un- geheuer(令人害怕的)。海德格尔选取的译名 unheimlich(莽劲森 然)则不仅包含有"强力",也有"骇怕"。而且,通过 heim 这个词 根,海德格尔成功地使得前两层意思与"家园","隐秘","深渊",也 即他所讲的作为"渊基"的"存在"甚至"虚无"连接起来。

　　基于上述理解,本文用"莽森"或"莽劲森然"来译海德格尔这 里的 unheimlich 一词。"莽"指"繁盛强劲"(莽壮),"渺茫深远" (莽渺),"森"除了指"森郁葱葱",即众多繁盛之外,更指"阴森", "森邃",即有"幽深可怖","可怕"的双关之意。这也和海德格尔一 生喜爱使用的"黑森林","林中迷津","林中空地"等遥相呼应,发 生关联。

　　除了 unheimlich 之外,海德格尔在文中还使用 heimisch 一 词,译为"本土的","本乡故土的"。它指称人在经历披荆斩棘,开 辟道路之后,沉溺于习惯熟知的领地,庸庸忙碌而不自知的情形。

　　5)Vernehmen(闻讯)。这个词在德文中的意思并不复杂,它 表示"通过听闻而获得"或者说"闻悉"。它还含有一层意思是"讯问",甚至"逼问"和"拷问"。让人惊奇的地方在于海德格尔竟用它来译著名的巴门尼德残篇中的、传统通译为"思想与存在是同一的"那个名句中的 νοεῖν 一词。νοεῖν 按现在通行的翻译就是"思想",但在海德格尔的眼中,这一理解和翻译在根本上误解和曲解了巴门尼德乃至全部希腊前苏格拉底哲学的精髓。思与在的关系本质上就是人和存在的关系,这个关系的本质不在于人经由思想去达到对存在的概念式把握,而在于人本来就身在存在中,在其中闻听、倾听、聆听存在之召唤和呼唤。只是在这一闻听的基础上,人才得以询问、讯问,甚至逼问、拷问存在。所以,人之本质首先并不在于后世一般以为的作为思想的置疑发问、概念分析,逻辑推理,而更在于那使这一切成为可能的"闻听"和"问讯"。这也是 νοεῖν 这个词在希腊文中的原始含义。联想起来,这个思路实质上与中国古代圣哲所常言的"闻道"一说遥相呼应,息息相通。

这样,我们就不难领会海德格尔为什么用 vernehmen,而不是套用"思想"来翻译希腊词 νοεῖν。海德格尔这里所更多关注的不再是"什么是思想?"的问题,而是"什么召唤思?"。基于这一理解与解释,我将 vernehmen 译为"闻讯","闻"为闻听,"讯"为讯问,它展现着人与存在之间原初质朴的休戚与共、互相隶属而又相互激发之关系。正因如此,海德格尔在解释 vernehmen 时用到另一个词 zusammengehörig(相互隶属、休戚相关),这在词源上也和"听"(hören)有密切关联,所以又可理解为"相互倾听"。

四

此次中译新译本除了译出海德格尔的原注外，还加了一些译者的注解。我将这些注解分别标明，统一作为脚注列出。有些译注的撰写还参照了 2000 年耶鲁大学出版社出版的 G. Fired & R. Polt 英译新译本注释，特此致谢。正文中的()和[]号，均为海德格尔使用。按照海德格尔自己的解释，()号中的文字乃 1935 年授课时就存在，只是出于某些考虑，未有在课堂上宣讲。[]号中的文字则为后来所加。关于海德格尔的这一说法，学界素有争议，这里只是照录原文，结论由读者自断。译者使用〈〉号，旨在标明：a)有必要列出的德文原文；b)原书中希腊文、拉丁文以及其他文字的中译；c)少量增添的文字以补足文句或语气。为方便读者查阅，德文初版原著的页码也在相应译文的页边标明。

在本书的新译过程中，张志扬教授，孙周兴教授，朱锦阳教授，都对译文或译名提出过精辟的意见。苏伟博士，张任之博士作为我的研究助理，曾通读过译文全文或者部分章节，贡献过宝贵的意见。香港中文大学哲学系的许家裕、林尚德两位同学也分别帮助我校订、输入过译文，在此一并致谢。尤其需要在这里提出感谢的还有广州中山大学的江璐博士，她在帮助我校定全书的希腊文字以及理解其意义方面贡献甚多。最后，商务印书馆的副总陈小文编审，自始至终都对此项工作予以鼓励和支持。责任编辑李涛先生，不辞劳苦，尽心尽职。应当说，没有上述诸位朋友、同仁的鼓励，帮助，支持，耐心和包容，这部译著的顺利出版是不可能的。本书的工作还得到中国香港特别行政区研究基金委员会项目(GRF-CUHK455510)资助,特此铭谢。

王庆节

2014 年 8 月于香港中文大学

中文新译本修订版后记

　　《形而上学导论》（新译本）2015 年在商务印书馆出版，收入"中国现象学文库·现象学原典译丛"，2017 年出了"海德格尔文集"版，除了添加目录和附录外，也做了稍许修订。这次趁单行本收入"汉译世界学术名著丛书"之机，又做了一些修订，其中纠正了个别错误，校正了错字，也理顺了一些语句和译名，希望译文更精准，可读性也更强。此番修订工作需要感谢陈小文、李学梅、陈嘉映等，他们长年以来的友谊，鼓励，协助以及建设性的意见让我的工作能够顺利进行。也感谢和希望细心的读者和学界同仁继续不吝赐教，希望此译本能在未来得到不断的更新和改善。

王庆节

2022 年 3 月于澳门大学

图书在版编目(CIP)数据

形而上学导论 / (德) 海德格尔著; 王庆节译. —— 北京: 商务印书馆, 2023(2024.5 重印)
(汉译世界学术名著丛书)
ISBN 978 - 7 - 100 - 22178 - 8

Ⅰ. ①形⋯ Ⅱ. ①海⋯②王⋯ Ⅲ. ①海德格尔 (Heidegger, Martin 1889 - 1976)—形而上学—研究 Ⅳ. ①B516.54②B081.1

中国国家版本馆 CIP 数据核字(2023)第 047319 号

权利保留, 侵权必究。

汉译世界学术名著丛书
形而上学导论
王庆节 译

商 务 印 书 馆 出 版
(北京王府井大街 36 号 邮政编码 100710)
商 务 印 书 馆 发 行
北京市艺辉印刷有限公司印刷
ISBN 978 - 7 - 100 - 22178 - 8

2023 年 5 月第 1 版　　　　　开本 850×1168　1/32
2024 年 5 月北京第 2 次印刷　　印张 8
定价: 39.00 元

—